S0-AJO-564

El libro de arena

Sección: Literatura

Jorge Luis Borges:
El libro de arena

El Libro de Bolsillo
Alianza Editorial
Madrid

Primera edición en "El Libro de Bolsillo": 1977
Decimocuarta reimpresión en "El Libro de Bolsillo": 1996

Reservados todos los derechos. El contenido de esta obra está protegido
por la Ley, que establece penas de prisión y/o multas, además de las co-
rrespondientes indemnizaciones por daños y perjuicios, para quienes re-
produjeren, plagiaren, distribuyeren o comunicaren públicamente, en
todo o en parte, una obra literaria, artística o científica, o su transforma-
ción, interpretación o ejecución artística fijada en cualquier tipo de so-
porte o comunicada a través de cualquier medio, sin la preceptiva auto-
rización.

© María Kodama
© Alianza Editorial, S. A., Madrid, 1977, 1979, 1980, 1981, 1983, 1985,
  1986, 1988, 1990, 1991, 1992, 1993, 1994, 1995, 1996
  Calle Juan Ignacio Luca de Tena, 15; 28027 Madrid; teléf. 393 88 88
  ISBN: 84-206-1662-1
  Depósito legal: M. 31.953-1996
  Impreso en Lavel, S. A., Pol. Ind. Los Llanos
  C/ Gran Canaria, 12. Humanes (Madrid)
  Printed in Spain

El hecho ocurrió en el mes de febrero de 1969, al norte de Boston, en Cambridge. No lo escribí inmediatamente porque mi primer propósito fue olvidarlo, para no perder la razón. Ahora, en 1972, pienso que si lo escribo, los otros lo leerán como un cuento y, con los años, lo será tal vez para mí.

Sé que fue casi atroz mientras duró y más aún durante las desveladas noches que lo siguieron. Ello no significa que su relato pueda conmover a un tercero.

Serían las diez de la mañana. Yo estaba recostado en un banco, frente al río Charles. A unos quinientos metros a mi derecha había un alto edificio, cuyo nombre no supe nunca. El agua gris acarreaba largos trozos de hielo. Inevitablemente, el río hizo que yo pensara en el tiempo. La milenaria imagen de Heráclito. Yo había dormido bien; mi clase de la tarde anterior había logrado, creo, interesar a los alumnos. No había un alma a la vista.

Sentí de golpe la impresión (que según los psicólogos corresponde a los estados de fatiga) de haber vivido ya aquel momento. En la otra punta de mi banco alguien

se había sentado. Yo hubiera preferido estar solo, pero
no quise levantarme en seguida, para no mostrarme in-
civil. El otro se había puesto a silbar. Fue entonces cuan-
do ocurrió la primera de las muchas zozobras de esa
mañana. Lo que silbaba, lo que trataba de silbar (nun-
ca he sido muy entonado), era el estilo criollo de
La tapera de Elías Regules. El estilo me retrajo a un pa-
tio, que ha desaparecido, y a la memoria de Alvaro Me-
lián Lafinur, que hace tantos años ha muerto. Luego vi-
nieron las palabras. Eran las de la décima del principio.
La voz no era la de Alvaro, pero quería parecerse a la de
Alvaro. La reconocí con horror.

Me le acerqué y le dije:

—Señor, ¿usted es oriental o argentino?

—Argentino, pero desde el catorce vivo en Ginebra
—fue la contestación.

Hubo un silencio largo. Le pregunté:

—¿En el número diecisiete de Malagnou, frente a la
iglesia rusa?

Me contestó que sí.

—En tal caso —le dije resueltamente— usted se llama
Jorge Luis Borges. Yo también soy Jorge Luis Borges.
Estamos en 1969, en la ciudad de Cambridge.

—No —me respondió con mi propia voz un poco le-
jana.

Al cabo de un tiempo insistió:

—Yo estoy aquí en Ginebra, en un banco, a unos pasos
del Ródano. Lo raro es que nos parecemos, pero usted
es mucho mayor, con la cabeza gris.

Yo le contesté:

—Puedo probarte que no miento. Voy a decirte cosas
que no puede saber un desconocido. En casa hay un mate
de plata con un pie de serpientes, que trajo del Perú
nuestro bisabuelo. También hay una palangana de plata,
que pendía del arzón. En el armario de tu cuarto hay dos
filas de libros. Los tres volúmenes de *Las Mil y Una No-
ches* de Lane con grabados en acero y notas en cuerpo
menor entre capítulo y capítulo, el diccionario latino de
Quicherat, la *Germania* de Tácito en latín y en la ver-

sión de Gordon, un *Don Quijote* de la casa Gernier, las *Tablas de Sangre* de Rivera Indarte, con la dedicatoria del autor, el *Sartor Resartus* de Carlyle, una biografía de Amiel y, escondido detrás de los demás, un libro en rústica sobre las costumbres sexuales de los pueblos balkánicos. No he olvidado tampoco un atardecer en un primer piso de la plaza Dubourg.

—Dufour —corrigió.

—Está bien. Dufour. ¿Te basta con todo eso?

—No —respondió—. Esas pruebas no prueban nada. Si yo lo estoy soñando, es natural que sepa lo que yo sé. Su catálogo prolijo es del todo vano.

La objeción era justa. Le contesté:

—Si esta mañana y este encuentro son sueños, cada uno de los dos tiene que pensar que el soñador es él. Tal vez dejemos de soñar, tal vez no. Nuestra evidente obligación, mientras tanto, es aceptar el sueño, como hemos aceptado el universo y haber sido engendrados y mirar con los ojos y respirar.

—¿Y si el sueño durara? —dijo con ansiedad.

Para tranquilizarlo y tranquilizarme, fingí un aplomo que ciertamente no sentía. Le dije:

—Mi sueño ha durado ya setenta años. Al fin y al cabo, al recordarse, no hay persona que no se encuentre consigo misma. Es lo que nos está pasando ahora, salvo que somos dos. ¿No querés saber algo de mi pasado, que es el porvenir que te espera?

Asintió sin una palabra. Yo proseguí un poco perdido:

—Madre está sana y buena en su casa de Charcas y Maipú, en Buenos Aires, pero padre murió hace unos treinta años. Murió del corazón. Lo acabó una hemiplejia; la mano izquierda puesta sobre la mano derecha era como la mano de un niño sobre la mano de un gigante. Murió con impaciencia de morir, pero sin una queja. Nuestra abuela había muerto en la misma casa. Unos días antes del fin, nos llamó a todos y nos dijo: «Soy una mujer muy vieja, que está muriéndose muy despacio. Que nadie se alborote por una cosa tan común y co-

rriente.» Norah, tu hermana, se casó y tiene dos hijos.
A propósito, en casa, ¿cómo están?

—Bien. Padre siempre con sus bromas contra la fe.
Anoche dijo que Jesús era como los gauchos, que no
quieren comprometerse, y que por eso predicaba en pa-
rábolas.

Vaciló y me dijo:

—¿Y usted?

—No sé la cifra de los libros que escribirás, pero
sé que son demasiados. Escribirás poesías que te darán
un agrado no compartido y cuentos de índole fantástica.
Darás clases como tu padre y como tantos otros de nues-
tra sangre.

Me agradó que nada me preguntara sobre el fracaso o
éxito de los libros. Cambié de tono y proseguí:

—En lo que se refiere a la historia... Hubo otra gue-
rra, casi entre los mismos antagonistas. Francia no tar-
dó en capitular; Inglaterra y América libraron contra
un dictador alemán, que se llamaba Hitler, la cíclica ba-
talla de Waterloo. Buenos Aires, hacia mil novecientos
cuarenta y seis, engendró otro Rosas, bastante parecido
a nuestro pariente. El cincuenta y cinco, la provincia
de·Córdoba nos salvó, como antes Entre Ríos. Ahora, las
cosas andan mal. Rusia está apoderándose del planeta;
América, trabada por la superstición de la democracia,
no se resuelve a ser un imperio. Cada día que pasa nues-
tro país es más provinciano. Más provinciano y más
engreído, como si cerrara los ojos. No me sorprendería
que la enseñanza del latín fuera reemplazada por la del
guaraní.

Noté que apenas me prestaba atención. El miedo
elemental de lo imposible y sin embargo cierto lo ami-
lanaba. Yo, que no he sido padre, sentí por ese pobre
muchacho, más íntimo que un hijo de mi carne, una
oleada de amor. Vi que apretaba entre las manos un
libro. Le pregunté qué era.

—*Los poseídos* o, según creo, *Los demonios* de Fyodor
Dostoievski —me replicó no sin vanidad.

—Se me ha desdibujado. ¿Qué tal es?

No bien lo dije, sentí que la pregunta era una blasfemia.

—El maestro ruso —dictaminó— ha penetrado más que nadie en los laberintos del alma eslava.

Esa tentativa retórica me pareció una prueba de que se había serenado.

Le pregunté qué otros volúmenes del maestro había recorrido.

Enumeró dos o tres, entre ellos *El doble*.

Le pregunté si al leerlos distinguía bien los personajes, como en el caso de Joseph Conrad, y si pensaba proseguir el examen de la obra completa.

—La verdad es que no —me respondió con cierta sorpresa.

Le pregunté qué estaba escribiendo y me dijo que preparaba un libro de versos que se titularía *Los himnos rojos*. También había pensado en *Los ritmos rojos*.

—¿Por qué no? —le dije—. Podés alegar buenos antecedentes. El verso azul de Rubén Darío y la canción gris de Verlaine.

Sin hacerme caso, me aclaró que su libro cantaría la fraternidad de todos los hombres. El poeta de nuestro tiempo no puede dar la espalda a su época.

Me quedé pensando y le pregunté si verdaderamente se sentía hermano de todos. Por ejemplo, de todos los empresarios de pompas fúnebres, de todos los carteros, de todos los buzos, de todos los que viven en la acera de los números pares, de todos los afónicos, etcétera. Me dijo que su libro se refería a la gran masa de los oprimidos y parias.

—Tu masa de oprimidos y de parias —le contesté— no es más que una abstracción. Sólo los individuos existen, si es que existe alguien. *El hombre de ayer no es el hombre de hoy* sentenció algún griego. Nosotros dos, en este banco de Ginebra o de Cambridge, somos tal vez la prueba.

Salvo en las severas páginas de la Historia, los hechos memorables prescinden de frases memorables. Un hombre a punto de morir quiere acordarse de un grabado entrevisto en la infancia; los soldados que están por entrar en la batalla hablan del barro o del sargento. Nuestra situación era única y, francamente, no estábamos preparados. Hablamos, fatalmente, de letras; temo no haber dicho otras cosas que las que suelo decir a los periodistas. Mi *alter ego* creía en la invención o descubrimiento de metáforas nuevas; yo en las que corresponden a afinidades íntimas y notorias y que nuestra imaginación ya ha aceptado. La vejez de los hombres y el ocaso, los sueños y la vida, el correr del tiempo y del agua. Le expuse esta opinión, que expondría en un libro años después.

Casi no me escuchaba. De pronto dijo:

—Si usted ha sido yo, ¿cómo explicar que haya olvidado su encuentro con un señor de edad que en 1918 le dijo que él también era Borges?

No había pensado en esa dificultad. Le respondí sin convicción:

—Tal vez el hecho fue tan extraño que traté de olvidarlo.

Aventuró una tímida pregunta:

—¿Cómo anda su memoria?

Comprendí que para un muchacho que no había cumplido veinte años, un hombre de más de setenta era casi un muerto. Le contesté:

—Suele parecerse al olvido, pero todavía encuentra lo que le encargan. Estudio anglosajón y no soy el último de la clase.

Nuestra conversación ya había durado demasiado para ser la de un sueño.

Una brusca idea se me ocurrió.

—Yo te puedo probar inmediatamente —le dije— que no estás soñando conmigo. Oí bien este verso, que no has leído nunca, que yo recuerde.

Lentamente entoné la famosa línea:

L'hydre - univers tordant son corps écaillé d'astres.

Sentí su casi temeroso estupor. Lo repitió en voz baja, saboreando cada resplandeciente palabra.

—Es verdad —balbuceó—. Yo no podré nunca escribir una línea como ésa.

Hugo nos había unido.

Antes, él había repetido con fervor, ahora lo recuerdo, aquella breve pieza en que Walt Whitman rememora una compartida noche ante el mar, en que fue realmente feliz.

—Si Whitman la ha cantado —observé— es porque la deseaba y no sucedió. El poema gana si adivinamos que es la manifestación de un anhelo, no la historia de un hecho.

Se quedó mirándome.

—Usted no lo conoce —exclamó—. Whitman es incapaz de mentir.

Medio siglo no pasa en vano. Bajo nuestra conversación de personas de miscelánea lectura y gustos diversos, comprendí que no podíamos entendernos. Eramos demasiado distintos y demasiado parecidos. No podíamos engañarnos, lo cual hace difícil el diálogo. Cada uno de los dos era el remedo caricaturesco del otro. La situación era harto anormal para durar mucho más tiempo. Aconsejar o discutir era inútil, porque su inevitable destino era ser el que soy.

De pronto recordé una fantasía de Coleridge. Alguien sueña que cruza el paraíso y le dan como prueba una flor. Al despertarse, ahí está la flor.

Se me ocurrió un artificio análogo.

—Oí —le dije—, ¿tenés algún dinero?

—Sí —me replicó—. Tengo unos veinte francos. Esta noche lo convidé a Simón Jichlinski en el *Crocodile*.

—Dile a Simón que ejercerá la medicina en Carouge, y que hará mucho bien... ahora, me das una de tus monedas.

Sacó tres escudos de plata y unas piezas menores. Sin comprender me ofreció uno de los primeros.

Yo le tendí uno de esos imprudentes billetes americanos que tienen muy diverso valor y el mismo tamaño. Lo examinó con avidez.

—No puede ser —gritó—. Lleva la fecha de mil no-
vecientos setenta y cuatro.

(Meses después alguien me dijo que los billetes de ban-
co no llevan fecha.)

—Todo esto es un milagro —alcanzó a decir— y lo
milagroso da miedo. Quienes fueron testigos de la
resurrección de Lázaro habrán quedado horrorizados.

No hemos cambiado nada, pensé. Siempre las referen-
cias librescas.

Hizo pedazos el billete y guardó la moneda.

Yo resolví tirarla al río. El arco del escudo de
plata perdiéndose en el río de plata hubiera conferido
a mi historia una imagen vívida, pero la suerte no lo
quiso.

Respondí que lo sobrenatural, si ocurre dos veces,
deja de ser aterrador. Le propuse que nos viéramos al
día siguiente, en ese mismo banco que está en dos
tiempos y en dos sitios.

Asintió en el acto y me dijo, sin mirar el reloj,
que se le había hecho tarde. Los dos mentíamos y cada
cual sabía que su interlocutor estaba mintiendo. Le dije
que iban a venir a buscarme.

—¿A buscarlo? —me interrogó.

—Sí. Cuando alcances mi edad habrás perdido casi
por completo la vista. Verás el color amarillo y sombras
y luces. No te preocupes. La ceguera gradual no es
una cosa trágica. Es como un lento atardecer de ve-
rano.

Nos despedimos sin habernos tocado. Al día siguiente
no fui. El otro tampoco habrá ido.

He cavilado mucho sobre este encuentro, que no
he contado a nadie. Creo haber descubierto la clave.
El encuentro fue real, pero el otro conversó conmigo
en un sueño y fue así que pudo olvidarme; yo con-
versé con él en la vigilia y todavía me atormenta el
recuerdo.

El otro me soñó, pero no me soñó rigurosamente.
Soñó, ahora lo entiendo, la imposible fecha en el dólar.

Ulrica

*Hann tekr sverthit Gram ok leggr
i methal theira bert.*

Völsunga Saga, 27

Mi relato será fiel a la realidad o, en todo caso, a mi recuerdo personal de la realidad, lo cual es lo mismo. Los hechos ocurrieron hace muy poco, pero sé que el hábito literario es asimismo el hábito de intercalar rasgos circunstanciales y de acentuar los énfasis. Quiero narrar mi encuentro con Ulrica (no supe su apellido y tal vez no lo sabré nunca) en la ciudad de York. La crónica abarcará una noche y una mañana.

Nada me costaría referir que la vi por primera vez junto a las Cinco Hermanas de York, esos vitrales puros de toda imagen que respetaron los inconoclastas de Cromwell, pero el hecho es que nos conocimos en la salita del *Northern Inn,* que está del otro lado de las murallas. Eramos pocos y ella estaba de espaldas. Alguien le ofreció una copa y rehusó.

—Soy feminista —dijo—. No quiero remedar a los hombres. Me desagradan su tabaco y su alcohol.

La frase quería ser ingeniosa y adiviné que no era la primera vez que la pronunciaba. Supe después que

15

no era característica de ella, pero lo que decimos no siempre se parece a nosotros.

Refirió que había llegado tarde al museo, pero que la dejaron entrar cuando supieron que era noruega.

Uno de los presentes comentó:

—No es la primera vez que los noruegos entran en York.

—Así es —dijo ella—. Inglaterra fue nuestra y la perdimos, si alguien puede tener algo o algo puede perderse.

Fue entonces cuando la miré. Una línea de William Blake habla de muchachas de suave plata o de furioso oro, pero en Ulrica estaban el oro y la suavidad. Era ligera y alta, de rasgos afilados y de ojos grises. Menos que su rostro me impresionó su aire de tranquilo misterio. Sonreía fácilmente y la sonrisa parecía alejarla. Vestía de negro, lo cual es raro en tierras del Norte, que tratan de alegrar con colores lo apagado del ámbito. Hablaba un inglés nítido y preciso y acentuaba levemente las erres. No soy observador; esas cosas las descubrí poco a poco.

Nos presentaron. Le dije que era profesor en la Universidad de los Andes en Bogotá. Aclaré que era colombiano.

Me preguntó de un modo pensativo:

—¿Qué es ser colombiano?

—No sé —le respondí—. Es un acto de fe.

—Como ser noruega —asintió.

Nada más puedo recordar de lo que se dijo esa noche. Al día siguiente bajé temprano al comedor. Por los cristales vi que había nevado; los páramos se perdían en la mañana. No había nadie más. Ulrica me invitó a su mesa. Me dijo que le gustaba salir a caminar sola.

Recordé una broma de Schopenhauer y contesté:

—A mí también. Podemos salir juntos los dos.

Nos alejamos de la casa, sobre la nieve joven. No había un alma en los campos. Le propuse que fuéramos a Thorgate, que queda río abajo, a unas millas. Sé que ya estaba enamorado de Ulrica; no hubiera deseado a mi lado ninguna otra persona.

Oí de pronto el lejano aullido de un lobo. No he oído nunca aullar a un lobo, pero sé que era un lobo. Ulrica no se inmutó.

Al rato dijo como si pensara en voz alta:

—Las pocas y pobres espadas que vi ayer en York Minster me han conmovido más que las grandes naves del museo de Oslo.

Nuestros caminos se cruzaban. Ulrica, esa tarde, proseguiría el viaje hacia Londres; yo, hacia Edimburgo.

—En Oxford Street —me dijo— repetiré los pasos de De Quincey, que buscaba a su Anna perdida entre las muchedumbres de Londres.

—De Quincey —respondí— dejó de buscarla. Yo, a lo largo del tiempo, sigo buscándola.

—Tal vez —dijo en voz baja— la has encontrado.

Comprendí que una cosa inesperada no me estaba prohibida y le besé la boca y los ojos. Me apartó con suave firmeza y luego declaró:

—Seré tuya en la posada de Thorgate. Te pido mientras tanto, que no me toques. Es mejor que así sea.

Para un hombre célibe entrado en años, el ofrecido amor es un don que ya no se espera. El milagro tiene derecho a imponer condiciones. Pensé en mis mocedades de Popayan y en una muchacha de Texas, clara y esbelta como Ulrica, que me había negado su amor.

No incurrí en el error de preguntarle si me quería. Comprendí que no era el primero y que no sería el último. Esa aventura, acaso la postrera para mí, sería una de tantas para esa resplandeciente y resuelta discípula de Ibsen.

Tomados de la mano seguimos.

—Todo esto es como un sueño —dije— y yo nunca sueño.

—Como aquel rey —replicó Ulrica— que no soñó hasta que un hechicero lo hizo dormir en una pocilga.

Agregó después:

—Oye bien. Un pájaro está por cantar.

Al poco rato oímos el canto.

—En estas tierras —dije—, piensan que quien está
por morir prevé lo futuro.

—Y yo estoy por morir —dijo ella.

La miré atónito.

—Cortemos por el bosque —la urgí—. Arribaremos
más pronto a Thorgate.

—El bosque es peligroso —replicó.

Seguimos por los páramos.

—Yo querría que este momento durara siempre —mur-
muré.

—Siempre es una palabra que no está permitida a los
hombres —afirmó Ulrica y, para aminorar el énfasis, me
pidió que le repitiera mi nombre, que no había oído
bien.

—Javier Otárola —le dije.

Quiso repetirlo y no pudo. Yo fracasé, parejamente,
con el nombre de Ulrikke.

—Te llamaré Sigurd —declaró con una sonrisa.

—Si soy Sigurd —le repliqué—, tú serás Brynhild.

Había demorado el paso.

—¿Conoces la saga? —le pregunté.

—Por supuesto —me dijo—. La trágica historia que
los alemanes echaron a perder con sus tardíos Nibe-
lungos.

No quise discutir y le respondí:

—Brynhild, caminas como si quisieras que entre los
dos hubiera una espada en el lecho.

Estábamos de golpe ante la posada. No me sorprendió
que se llamara, como la otra, el *Northern Inn*.

Desde lo alto de la escalinata, Ulrica me gritó:

—¿Oíste al lobo? Ya no quedan lobos en Inglaterra.
Apresúrate.

Al subir al piso alto, noté que las paredes estaban
empapeladas a la manera de William Morris, de un rojo
muy profundo, con entrelazados frutos y pájaros. Ulrica
entró primero. El aposento oscuro era bajo, con un techo
a dos aguas. El esperado lecho se duplicaba en un vago
cristal y la bruñida caoba me recordó el espejo de la

Escritura. Ulrica ya se había desvestido. Me llamó por mi verdadero nombre, Javier. Sentí que la nieve arreciaba. Ya no quedaban muebles ni espejos. No había una espada entre los dos. Como la arena se iba el tiempo. Secular en la sombra fluyó el amor y poseí por primera y última vez la imagen de Ulrica.

Ils s'acheminèrent vers un château im-
mense, au frontispice duquel on lisait:
"Je n'appartiens à personne et j'ap-
partiens à tout le monde. Vous y étiez
avant que d'y entrer, et vous y serez
encore quand vous en sortirez."

Diderot: *Jacques Le Fataliste et*
son Maître (1769).

Mi nombre es Alejandro Ferri. Ecos marciales hay en
él, pero ni los metales de la gloria ni la gran sombra del
macedonio —la frase es del autor de *Los mármoles,*
cuya amistad me honró— se parecen al modesto hombre
gris que hilvana estas líneas, en el piso alto de un hotel
de la calle Santiago del Estero, en un Sur que ya no
es el Sur. En cualquier momento habré cumplido setenta
y tantos años; sigo dictando clases de inglés a pocos
alumnos. Por indecisión o por negligencia o por otras
razones, no me casé, y ahora estoy solo. No me duele
la soledad; bastante esfuerzo es tolerarse a uno mismo
y a sus manías. Noto que estoy envejeciendo; un sín-
toma inequívoco es el hecho de que no me interesan o
sorprenden las novedades, acaso porque advierto que nada
esencialmente nuevo hay en ellas y que no pasan de ser
tímidas variaciones. Cuando era joven, me atraían los
atardeceres, los arrabales y la desdicha; ahora, las ma-
ñanas del centro y la serenidad. Ya no juego a ser Hamlet.
Me he afiliado al partido conservador y a un club de
ajedrez, que suelo frecuentar como espectador, a veces

distraído. El curioso puede exhumar, en algún oscuro
anaquel de la Biblioteca Nacional de la calle México, un
ejemplar de mi *Breve examen del idioma analítico de
John Wilkins,* obra que exigiría otra edición, siquiera
para corregir o atenuar sus muchos errores. El nuevo
director de la Biblioteca, me dicen, es un literato que se
ha consagrado al estudio de las lenguas antiguas, como
si las actuales no fueran suficientemente rudimentarias,
y a la exaltación demagógica de un imaginario Buenos
Aires de cuchilleros. Nunca he querido conocerlo. Yo
arribé a esta ciudad en 1899 y una sola vez el azar
me enfrentó con un cuchillero o con un sujeto que tenía
fama de tal. Más adelante, si se presenta la ocasión, con-
taré el episodio.

Ya dije que estoy solo; días pasados, un vecino de pie-
za, que me había oído hablar de Fermín Eguren, me dijo
que éste había fallecido en Punta del Este.

La muerte de aquel hombre, que ciertamente no fue
nunca mi amigo, se ha obstinado en entristecerme. Sé
que estoy solo; soy en la tierra el único guardián de
aquel acontecimiento, el Congreso, cuya memoria no
podré compartir. Soy ahora el último congresal. Es ver-
dad que todos los hombres lo son, que no hay un ser
en el planeta que no lo sea, pero yo lo soy de otro
modo. Sé que lo soy; eso me hace diverso de mis innu-
merables colegas, actuales y futuros. Es verdad que el
día 7 de febrero de 1904 juramos por lo más sagrado no
revelar —¿habrá en la tierra algo sagrado o algo que
no lo sea?— la historia del Congreso, pero no menos
cierto es que el hecho de que yo ahora sea un perjuro
es también parte del Congreso. Esta declaración es
oscura, pero puede encender la curiosidad de mis even-
tuales lectores.

De cualquier modo, la tarea que me he impuesto no
es fácil. No he acometido nunca, ni siquiera en su es-
pecie epistolar, el género narrativo y, lo que sin duda
es harto más grave, la historia que registraré es increíble.
La pluma de José Fernández Irala, el inmerecidamente ol-
vidado poeta de *Los mármoles,* era la predestinada a esta

empresa, pero ya es tarde. No falsearé deliberadamente los hechos, pero presiento que la haraganería y la torpeza me obligarán, más de una vez, al error.

Las precisas fechas no importan. Recordemos que vine de Santa Fe, mi provincia natal, en 1899. No he vuelto nunca, me he acostumbrado a Buenos Aires, ciudad que no me atrae, como quien se acostumbra a su cuerpo o a una vieja dolencia. Preveo, sin mayor interés, que pronto he de morir; debo, por consiguiente, sujetar mi hábito digresivo y adelantar un poco la narración.

No modifican nuestra esencia los años, si es que alguna tenemos; el impulso que me llevaría, una noche, al Congreso del Mundo fue el que me trajo, inicialmente, a la redacción de *Ultima Hora*. Para un pobre muchacho provinciano, ser periodista puede ser un destino romántico, así como un pobre muchacho de la capital puede imaginar que es romántico el destino de un gaucho o de un peón de chacra. No me abochorna haber querido ser periodista, rutina que ahora me parece trivial. Recuerdo haberle oído decir a Fernández Irala, mi colega, que el periodista escribe para el olvido y que su anhelo era escribir para la memoria y el tiempo. Ya había cincelado (el verbo era de uso común) alguno de los sonetos perfectos que aparecerían después, con uno que otro leve retoque, en las páginas de *Los mármoles*.

No puedo precisar la primera vez que oí hablar del Congreso. Quizá fue aquella tarde en que el contador me pagó mi sueldo mensual y yo, para celebrar esa prueba de que Buenos Aires me había aceptado, propuse a Irala que comiéramos juntos. Este se disculpó, alegando que no podía faltar al Congreso. Inmediatamente entendí que no se refería al vanidoso edificio con una cúpula, que está en el fondo de una avenida poblada de españoles, sino a algo más secreto y más importante. La gente hablaba del Congreso, algunos con abierta sorna, otros bajando la voz, otros con alarma o curiosidad; todos, creo, con ignorancia. Al cabo de unos sábados, Irala me convidó a acompañarlo. Ya había cumplido, me contió, con los trámites necesarios.

Serían las nueve o diez de la noche. En el tranvía
me dijo que las reuniones preliminares tenían lugar los
sábados y que don Alejandro Glencoe, tal vez movido por
mi nombre, ya había dado su firma. Entramos en la
Confitería del Gas. Los congresales, que serían quince
o veinte, rodeaban una mesa larga; no sé si había un
estrado o si la memoria lo agrega. Reconocí en el acto
al presidente, que no había visto nunca. Don Alejandro
era un señor de aire digno, ya entrado en años, con
la frente despejada, los ojos grises y una canosa barba
rojiza. Siempre lo vi de levita oscura; solía apoyar en el
bastón las manos cruzadas. Era robusto y alto. A su
izquierda había un hombre mucho más joven, también de
pelo rojo; su violento color sugería el fuego y el de la
barba del señor Glencoe, las hojas del otoño. A la derecha
había un muchacho de cara larga y de frente singular-
mente baja, trajeado como un dandy. Todos habían pe-
dido café y uno que otro, ajenjo. Lo que primero des-
pertó mi atención fue la presencia de una mujer, sola en-
tre tantos hombres. En la otra punta de la mesa había un
niño de diez años, vestido de marinero, que no tardó
en quedarse dormido. Había también un pastor protes-
tante, dos inequívocos judíos y un negro con pañuelo
de seda y la ropa muy ajustada, a la manera de los com-
padritos de la esquina. Ante el negro y el niño había
dos tazas de chocolate. No recuerdo a los otros, salvo
a un señor Marcelo del Mazo, hombre de suma cortesía
y de fino diálogo, que no volví a ver más. Conservo
una borrosa y deficiente fotografía de una de las reu-
niones, que no publicaré, porque la indumentaria de la
época, las melenas y los bigotes, le darían un aire bur-
lesco y hasta menesteroso, que falsearía la escena. Todas
las agrupaciones tienden a crear su dialecto y sus ritos;
el Congreso, que siempre tuvo para mí algo de sueño,
parecía querer que los congresales fueran descubriendo
sin prisa el fin que buscaba y aun los nombres y apellidos
de sus colegas. No tardé en comprender que mi obliga-
ción era no hacer preguntas y me abstuve de interrogar
a Fernández Irala, que tampoco me dijo nada. No falté

un solo sábado, pero pasaron uno o dos meses antes que yo entendiera. Desde la segunda reunión, mi vecino fue Donald Wren, un ingeniero del Ferrocarril Sud, que me daría lecciones de inglés.

Don Alejandro hablaba muy poco; los otros no se dirigían a él, pero sentí que hablaban para él y que buscaban su aprobación. Bastaba un ademán de la lenta mano para que el tema del debate cambiara. Fui descubriendo poco a poco que el rojizo hombre de la izquierda tenía el curioso nombre de Twirl. Recuerdo su aire frágil, que es atributo de ciertas personas muy altas, como si la estatura les diera vértigo y los hiciera abovedarse. Sus manos, lo recuerdo, solían jugar con una brújula de cobre, que a ratos dejaba en la mesa. A fines de 1914, murió como soldado de infantería en un regimiento irlandés. El que siempre ocupaba la derecha era el joven de frente baja, Fermín Eguren, sobrino del presidente. Descreo de los métodos del realismo, género artificial si los hay; prefiero revelar de una buena vez lo que comprendí gradualmente. Antes, quiero recordar al lector mi situación de entonces: yo era un pobre muchacho de Casilda, hijo de chacareros, que había llegado a Buenos Aires y que de pronto se encontraba, así la sentí, en el íntimo centro de Buenos Aires y tal vez, quién sabe, del mundo. Medio siglo ha pasado y sigo sintiendo aquel deslumbramiento inicial, que ciertamente no fue el último.

He aquí los hechos; los narraré con toda brevedad. Don Alejandro Glencoe, el presidente, era un estanciero oriental, dueño de un establecimiento de campo que lindaba con el Brasil. Su padre, oriundo de Aberdeen, se había fijado en este continente al promediar el siglo anterior. Trajo consigo unos cien libros, los únicos, me atrevo a afirmar, que don Alejandro leyó en el decurso de su vida. (Hablo de estos libros heterogéneos, que he tenido en las manos, porque en uno de ellos está la raíz de mi historia.) El primer Glencoe, al morir, dejó una hija y un hijo, que sería después nuestro presidente. La hija se casó con un Eguren y fue la madre de Fermín.

Don Alejandro aspiró alguna vez a ser diputado, pero
los jefes políticos le cerraron las puertas del Congreso del
Uruguay. El hombre se enconó y resolvió fundar otro
Congreso de más vastos alcances. Recordó haber leído
en una de las volcánicas páginas de Carlyle el destino de
aquel Anacharsis Cloots, devoto de la diosa Razón, que
a la cabeza de treinta y seis extranjeros habló como
«orador del género humano» ante una asamblea de Pa-
rís. Movido por su ejemplo, don Alejandro concibió el
propósito de organizar un Congreso del Mundo que re-
presentaría a todos los hombres de todas las naciones.
El centro de las reuniones preliminares era la Confitería
del Gas; el acto de apertura, para el cual se había pre-
visto un plazo de cuatro años, tendría su sede en el es-
tablecimiento de don Alejandro. Este, que como tantos
orientales, no era partidario de Artigas, quería a Buenos
Aires, pero había resuelto que el Congreso se reuniera
en su patria. Curiosamente, el plazo original se cum-
pliría con una precisión casi mágica.

Al principio cobrábamos nuestras dietas, que no eran
deleznables, pero el fervor que a todos nos encendía hizo
que Fernández Irala, que era tan pobre como yo, re-
nunciara a la suya y lo mismo hicimos los otros. Esa
medida fue benéfica, ya que sirvió para separar la mies
del rastrojo; el número de congresales disminuyó y sólo
quedamos los fieles. El único cargo rentado fue el de la
Secretaria, Nora Erfjord, que carecía de otros medios
de vida y cuya labor era abrumadora. Organizar una en-
tidad que abarca el planeta no es una empresa baladí.
Las cartas iban y venían y asimismo los telegramas. Lle-
gaban adhesiones del Perú, de Dinamarca y del Indos-
tán. Un boliviano señaló que su patria carecía de todo
acceso al mar y que esa lamentable carencia debería ser
el tema de uno de los primeros debates.

Twirl, cuya inteligencia era lúcida, observó que el
Congreso presuponía un problema de índole filosófica.
Planear una asamblea que representara a todos los hom-
bres era como fijar el número exacto de los arquetipos
platónicos, enigma que ha atareado durante siglos la per-

plejidad de los pensadores. Sugirió que, sin ir más lejos, don Alejandro Glencoe podía representar a los hacendados, pero también a los orientales y también a los grandes precursores y también a los hombres de barba roja y a los que están sentados en un sillón. Nora Erfjord era noruega. ¿Representaría a las secretarias, a las noruegas o simplemente a todas las mujeres hermosas? ¿Bastaba un ingeniero para representar a todos los ingenieros, incluso los de Nueva Zelandia?

Fue entonces, creo, que Fermín intervino.

—Ferri está en representación de los gringos —dijo con una carcajada.

Don Alejandro lo miró con severidad y dijo sin apuro:

—El señor Ferri está en representación de los emigrantes, cuya labor está levantando el país.

Nunca Fermín Eguren me pudo ver. Ejercía diversas soberbias: la de ser oriental, la de ser criollo, la de atraer a todas las mujeres, la de haber elegido un sastre costoso y, nunca sabré por qué, la de su estirpe vasca, gente que al margen de la historia no ha hecho otra cosa que ordeñar vacas.

Un incidente de lo más trivial selló nuestras enemistades. Después de una sesión, Eguren propuso que fuéramos a la calle Junín. El proyecto no me atraía, pero acepté, para no exponerme a sus burlas. Fuimos con Fernández Irala. Al salir de la casa, nos cruzamos con un hombre grandote. Eguren, que estaría un poco bebido, le dio un empujón. El otro nos cerró el camino y nos dijo:

—El que quiera salir va a tener que pasar por este cuchillo.

Recuerdo el brillo del acero en la oscuridad del zaguán. Eguren se echó atrás, aterrado. Yo no las tenía todas conmigo, pero mi odio pudo más que mi susto. Me llevé la mano a la sisa, como para sacar un arma, y dije con voz firme:

—Esto lo vamos a arreglar en la calle.

El desconocido me respondió, ya con otra voz:

—Así me gustan los hombres. Yo quería probarlos, amigo.

Ahora reía afablemente.

—Lo de amigo corre por cuenta suya —le repliqué y salimos.

El hombre del cuchillo entró en el prostíbulo. Me dijeron después que se llamaba Tapia o Paredes o algo por el estilo y que tenía fama de pendenciero. Ya en la vereda, Irala, que se había mantenido sereno, me palmeó y declaró con énfasis:

—Entre los tres había un mosquetero. ¡Salve, d'Artagnan!

Fermín Eguren nunca me perdonó haber sido testigo de su aflojada.

Siento que ahora, y sólo ahora, empieza la historia. Las páginas ya escritas no han registrado más que las condiciones que el azar o el destino requería para que ocurriera el hecho increíble, acaso el único de toda mi vida. Don Alejandro Glencoe era siempre el centro de la trama, pero gradualmente sentimos, no sin algún asombro y alarma, que el verdadero presidente era Twirl. Este singular personaje de bigote fulgente adulaba a Glencoe y aun a Fermín Eguren, pero de un modo tan exagerado que podía pasar por una burla y no comprometía su dignidad. Glencoe tenía la soberbia de su vasta fortuna; Twirl adivinó que, para imponerle un proyecto, bastaba sugerir que su costo era demasiado oneroso. Al principio, el Congreso no había sido más, lo sospecho, que un vago nombre; Twirl proponía continuas ampliaciones, que don Alejandro siempre aceptaba. Era como estar en el centro de un círculo creciente, que se agranda sin fin, alejándose. Declaró, por ejemplo, que el Congreso no podía prescindir de una biblioteca de libros de consulta; Nierenstein, que trabajaba en una librería, fue consiguiéndonos los atlas de Justus Perthes y diversas y extensas enciclopedias, desde la *Historia naturalis* de Plinio y el *Speculum,* de Beauvais hasta los gratos laberintos (releo estas palabras con la voz de Fernández Irala) de los ilustres enciclopedistas franceses, de la

Britannica, de Pierre Larousse, de Brockhaus, de Larsen y de Montaner y Simón. Recuerdo haber acariciado con reverencia los sedosos volúmenes de cierta enciclopedia china, cuyos bien pincelados caracteres me parecieron más misteriosos que las manchas de la piel de un leopardo. No diré todavía el fin que tuvieron y que por cierto no lamento.

Don Alejandro nos había tomado cariño a Fernández Irala y a mí, tal vez porque éramos los únicos que no trataban de halagarlo. Nos convidó a pasar unos días en la estancia La Caledonia, donde ya estaban trabajando los peones albañiles.

Al cabo de una larga navegación, río arriba, y de una travesía en balsa, pisamos la otra banda, un amanecer. Después tuvimos que hacer noche en pulperías menesterosas y que abrir y cerrar muchas tranqueras en la Cuchilla Negra. Ibamos en una volanta; el campo me pareció más grande y más solo que el de la chacra en que nací.

Conservo aún mis dos imágenes de la estancia: la que yo había previsto y la que mis ojos vieron al fin. Absurdamente yo me había figurado, como en un sueño, una combinación imposible de la llanura santafesina y del Palacio de las Aguas Corrientes; La Caledonia era una casa larga, de adobe, con el techo de paja a dos aguas y con un corredor de ladrillo. Me pareció construida para el rigor y para el largo tiempo. Casi una vara de espesor tenían los toscos muros y las puertas eran angostas. A nadie se le había ocurrido plantar un árbol. El primer sol y el último la golpeaban. Los corrales eran de piedra; la hacienda era numerosa, flaca y guampuda; las colas arremolinadas de los caballos alcanzaban al suelo. Por primera vez conocí el sabor del animal recién carneado. Trajeron unas bolsas de galleta; el capataz me dijo, días después, que no había probado pan en su vida. Irala preguntó dónde estaba el baño; don Alejandro con un vasto ademán, le mostró el continente. La noche era de luna; salí a dar una vuelta y lo sorprendí, vigilado por un ñandú.

Ei calor, que no había mitigado la noche, era insoportable y todos ponderaban el fresco. Las piezas eran bajas y muchas y me parecieron desmanteladas; nos destinaron una que daba al sur, en la que había dos catres y una cómoda, con la palangana y la jarra que eran de plata. El piso era de tierra.

Al día siguiente di con la biblioteca y con los volúmenes de Carlyle y busqué las páginas consagradas al orador del género humano, Anacharsis Cloots, que me había conducido a aquella mañana y a aquella soledad. Después del desayuno, idéntico a la comida, don Alejandro nos mostró los trabajos. Hicimos una legua a caballo, entre los descampados. Irala, cuya equitación era temerosa, sufrió un percance; el capataz observó sin una sonrisa:

—El porteño sabe apearse muy bien.

Desde lejos vimos la obra. Una veintena de hombres había erigido una suerte de anfiteatro despedazado. Recuerdo unos andamios y unas gradas que dejaban entrever espacios de cielo.

Más de una vez traté de conversar con los gauchos, pero mi empeño fracasó. De algún modo sabían que eran distintos. Para entenderse entre ellos, usaban parcamente un gangoso español abrasilerado. Sin duda por sus venas corrían sangre india y sangre negra. Eran fuertes y bajos; en La Caledonia yo era un hombre alto, cosa que no me había sucedido hasta entonces. Casi todos usaban chiripá y uno que otro, bombacha. Poco o nada tenían en común con los dolientes personajes de Hernández o de Rafael Obligado. Bajo el estímulo del alcohol de los sábados, eran fácilmente violentos. No había una mujer y jamás oí una guitarra.

Más que los hombres de esa frontera me interesó el cambio total que se había operado en don Alejandro. En Buenos Aires, era un señor afable y medido; en La Caledonia, el severo jefe de un clan, como sus mayores. Los domingos por la mañana les leía la Sagrada Escritura a los peones, que no entendían una sola palabra. Una noche, el capataz, un muchacho joven, que había heredado el cargo de su padre, nos avisó que un agregado y un peón se habían trabado a puñaladas. Don Alejandro se levantó sin mayor apuro. Llegó a la rueda, se quitó el arma que solía cargar, se la dio al capataz, que me pareció acobardado, y se abrió camino entre los aceros. Oí en seguida la orden:

—Suelten el cuchillo, muchachos.

Con la misma voz tranquila agregó:

—Ahora se dan la mano y se portan bien. No quiero barullos aquí.

Los dos obedecieron. Al otro día supe que don Alejandro lo había despedido al capataz.

Sentí que la soledad me cercaba. Temí no volver nunca a Buenos Aires. No sé si Fernández Irala compartió ese temor, pero hablábamos mucho de la Argentina y de lo que haríamos a la vuelta. Extrañaba los leones de un portón de la calle Jujuy, cerca de la plaza del Once, o la luz de cierto almacén de imprecisa topografía, no los lugares habituales. Siempre fui buen jinete; me habitué a salir a caballo y a recorrer largas distancias. Todavía me acuerdo de aquel moro que yo solía ensillar y que ya habrá muerto. Acaso alguna tarde o alguna noche estuve en el Brasil, porque la frontera no era otra cosa que una línea trazada por mojones.

Había aprendido a no contar los días cuando, al cabo de un día como los otros, don Alejandro nos advirtió:

—Ahora nos vamos a acostar. Mañana salimos con la fresca.

Ya río abajo me sentí tan feliz que pude pensar con cariño en La Caledonia.

Reanudamos la reunión de los sábados. En la primera, Twirl pidió la palabra. Dijo, con las habituales flores retóricas, que la biblioteca del Congreso del Mundo no podía reducirse a libros de consulta y que las obras clásicas de todas las naciones y lenguas eran un verdadero testimonio que no podíamos ignorar sin peligro. La ponencia fue aprobada en el acto; Fernández Irala y el doctor Cruz, que era profesor de latín, aceptaron la misión de elegir los textos necesarios. Twirl ya había hablado del asunto con Nierenstein.

En aquel tiempo no había un solo argentino cuya Utopía no fuera la ciudad de París. Quizá el más impaciente de nosotros era Fermín Eguren: lo seguía Fernández Irala, por razones harto distintas. Para el poeta de *Los mármoles,* París era Verlaine y Leconte de Lisle; para Eguren, una continuación mejorada de la calle Junín. Se había entendido, lo sospecho, con Twirl. Este, en otra reunión, discutió el idioma que usarían los congresales y la conveniencia de que dos delegados fueran a Londres y a París a documentarse. Para fingir imparcialidad, propuso primero mi nombre y, tras una ligera vacilación, el de su amigo Eguren. Don Alejandro, como siempre, asintió.

Creo haber escrito que Wren, a cambio de unas clases de italiano, me había iniciado en el estudio del infinito idioma inglés. Prescindió, en lo posible, de la gramática y de las oraciones fabricadas para el aprendizaje y entramos directamente en la poesía, cuyas formas exigen la brevedad. Mi primer contacto con el lenguaje que poblaría mi vida fue el valeroso *Requiem* de Stevenson; después vinieron las baladas que Percy reveló al decoroso siglo dieciocho. Poco antes de partir para Londres conocí el deslumbramiento de Swinburne, que me llevó a dudar, como quien comete una culpa, de la eminencia de los alejandrinos de Irala.

Arribé a Londres a principios de enero del novecientos dos; recuerdo la caricia de la nieve, que yo nunca había visto y que agradecí. Felizmente, no me tocó viajar con Eguren. Me hospedé en una módica pensión a espaldas del Museo Británico, a cuya biblioteca concurría de mañana y de tarde, en busca de un idioma que fuera digno del Congreso del Mundo. No descuidé las lenguas universales; me asomé al esperanto —que el *Lunario sentimental* califica de «equitativo, simple y económico»— y al Volapük, que quiere explorar todas las posibilidades lingüísticas, declinando los verbos y conjugando los sustantivos. Consideré los argumentos en pro y en contra

de resucitar el latín, cuya nostalgia no ha cesado de
perdurar al cabo de los siglos. Me demoré asimismo en
el examen del idioma analítico de John Wilkins, donde
la definición de cada palabra está en las letras que la
forman. Fue bajo la alta cúpula de la sala que conocí
a Beatriz.

Esta es la historia general del Congreso del Mundo,
no la de Alejandro Ferri, la mía, pero la primera abar-
ca a la última, como a todas las otras. Beatriz era alta,
esbelta, de rasgos puros y de una cabellera bermeja que
pudo haberme recordado y nunca lo hizo la del oblicuo
Twirl. No había cumplido los veinte años. Había dejado
uno de los condados del norte para ser alumna de letras
de la universidad. Su origen, como el mío, era humilde.
Ser de cepa italiana en Buenos Aires era aún desdoroso;
en Londres descubrí que para muchos era un atributo ro-
mántico. Pocas tardes tardamos en ser amantes; le pedí
que se casara conmigo, pero Beatriz Frost, como Nora
Erfjord, era devota de la fe predicada por Ibsen y no
quería atarse a nadie. De su boca nació la palabra que
yo no me atrevía a decir. Oh noches, oh compartida
y tibia tiniebla, oh el amor que fluye en la sombra como
un río secreto, oh aquel momento de la dicha en que
cada uno es los dos, oh la inocencia y el candor de
la dicha, oh la unión en la que nos perdíamos para per-
dernos luego en el sueño, oh las primeras claridades del
día y yo contemplándola.

En la áspera frontera del Brasil me había acosado la
nostalgia; no así en el rojo laberinto de Londres, que me
dio tantas cosas. A pesar de los pretextos que urdí
para demorar la partida, tuve que volver a fin de año;
celebramos juntos la Navidad. Le prometí que don Ale-
jandro la invitaría a formar parte del Congreso; me re-
plicó, de un modo vago, que le interesaría visitar el he-
misferio austral y que un primo suyo, dentista, se había
radicado en Tasmania. Beatriz no quiso ver el barco; la
despedida, a su entender, era un énfasis, una insensata
fiesta de la desdicha, y ella detestaba los énfasis. Nos di-
jimos adiós en la biblioteca donde nos conocimos en otro

invierno. Soy un hombre cobarde; no le dejé mi dirección, para eludir la angustia de esperar cartas.

He notado que los viajes de vuelta duran menos que los de ida, pero la travesía del Atlántico, pesada de recuerdos y de zozobras, me pareció muy larga. Nada me dolía tanto como pensar que paralelamente a mi vida Beatriz iría viviendo la suya, minuto por minuto y noche por noche. Escribí una carta de muchas páginas, que rompí al zarpar de Montevideo. Arribé a la patria un día jueves; Irala me esperaba en la dársena. Volví a mi antiguo alojamiento en la calle Chile; aquel día y el otro los pasamos hablando y caminando. Yo quería recobrar a Buenos Aires. Fue un alivio saber que Fermín Eguren seguía en París; el hecho de haber regresado antes que él atenuaría de algún modo mi larga ausencia.

Irala estaba descorazonado. Fermín dilapidaba en Europa sumas desaforadas y había desacatado más de una vez la orden de volver inmediatamente. Esto era previsible. Más me inquietaron otras noticias; Twirl, pese a la oposición de Irala y de Cruz, había invocado a Plinio el Joven, según el cual no hay libro tan malo que no encierre algo bueno, y había propuesto la compra indiscriminada de colecciones de *La Prensa,* de tres mil cuatrocientos ejemplares de *Don Quijote,* en diversos formatos, del epistolario de Balmes, de tesis universitarias, de cuentas, de boletines y de programas de teatro. Todo es un testimonio, había dicho. Nierenstein lo apoyó; don Alejandro, «al cabo de tres sábados sonoros», aprobó la moción. Nora Erfjord había renunciado a su cargo de secretaria; la reemplazaba un socio nuevo, Karlinski, que era un instrumento de Twirl. Los desmesurados paquetes iban apilándose ahora, sin catálogo ni fichero, en las habitaciones del fondo y en la bodega del caserón de don Alejandro. A principios de julio, Irala había pasado una semana en La Caledonia; los albañiles habían interrumpido el trabajo. El capataz, interrogado, explicó que así lo había dispuesto el patrón y que al tiempo lo que le está sobrando son días.

En Londres yo había redactado un informe, que no es del caso recordar; el viernes, fui a saludar a don Alejandro y a entregarle mi texto. Me acompañó Fernández Irala. Era la hora de la tarde y en la casa entraba el pampero. Frente al portón de la calle Alsina esperaba un carro con tres caballos. Me acuerdo de hombres encorvados que iban descargando sus fardos en el último patio; Twirl, imperioso, les daba órdenes. Ahí estaban también, como si presintieran algo, Nora Erfjord y Nierenstein y Cruz y Donald Wren y uno o dos congresales más. Nora me abrazó y me besó y aquel abrazo y aquel beso me recordaron otros. El negro, bonachón y feliz, me besó la mano.

En uno de los cuartos estaba abierta la cuadrada trampa del sótano; unos escalones de material se perdían en la sombra.

Bruscamente oímos los pasos. Antes de verlo, supe que era don Alejandro el que entraba. Casi como si corriera, llegó.

Su voz era distinta; no era la del pausado señor que presidía nuestros sábados ni la del estanciero feudal que prohibía un duelo a cuchillo y que predicaba a sus gauchos la palabra de Dios, pero se parecía más a la última.

Sin mirar a nadie, mandó:

—Vayan sacando todo lo amontonado ahí abajo. Que no quede un libro en el sótano.

La tarea duró casi una hora. Acumulamos en el patio de tierra una pila más alta que los más altos. Todos íbamos y veníamos; el único que no se movió fue don Alejandro.

Después vino la orden:

—Ahora le prenden fuego a estos bultos.

Twirl estaba muy pálido. Nierenstein acertó a murmurar:

—El Congreso del Mundo no puede prescindir de esos auxiliares preciosos que he seleccionado con tanto amor.

—¿El Congreso del Mundo? —dijo don Alejandro. Se rió con sorna y yo nunca lo había oído reír.

Hay un misterioso placer en la destrucción; las llama-
radas crepitaron resplandecientes y los hombres nos agol-
pamos contra los muros o en las habitaciones. Noche, ce-
niza y olor a quemado quedaron en el patio. Me acuerdo
de unas hojas perdidas que se salvaron, blancas sobre la
tierra. Nora Erfjord, que profesaba por don Alejandro
ese amor que las mujeres jóvenes suelen profesar por los
hombres viejos, dijo sin entender:

—Don Alejandro sabe lo que hace.

Irala, fiel a la literatura, intentó una frase:

—Cada tantos siglos hay que quemar la Biblioteca de
Alejandría.

Luego nos llegó la revelación:

—Cuatro años he tardado en comprender lo que les
digo ahora. La empresa que hemos acometido es tan
vasta que abarca —ahora lo sé— el mundo entero. No
es unos cuantos charlatanes que aturden en los galpones
de una estancia perdida. El Congreso del Mundo comen-
zó con el primer instante del mundo y proseguirá cuan-
do seamos polvo. No hay un lugar en que no esté. El
Congreso es los libros que hemos quemado. El Con-
greso es los caledonios que derrotaron a las legiones de
los Césares. El Congreso es Job en el muladar y Cristo
en la cruz. El Congreso es aquel muchacho inútil que
malgasta mi hacienda con las rameras.

No pude contenerme y lo interrumpí:

—Don Alejandro, yo también soy culpable. Yo tenía
concluido el informe, que aquí le traigo, y seguía demo-
rándome en Inglaterra y tirando su plata, por el amor
de una mujer.

Don Alejandro continuó:

—Ya me lo suponía, Ferri. El Congreso es mis toros.
El Congreso es los toros que he vendido y las leguas
de campo que no son mías.

Una voz consternada se elevó; era la de Twirl.

—¿No va a decirnos que ha vendido La Caledonia?

Don Alejandro contestó sin apuro:

—Sí, la he vendido. Ya no me queda un palmo de
tierra, pero mi ruina no me duele, porque ahora en-

tiendo. Tal vez no nos veremos más, porque el Congreso no nos precisa, pero esta última noche saldremos todos a mirar el Congreso.

Estaba ebrio de victoria. Nos inundaron su firmeza y su fe. Nadie ni por un segundo pensó que estuviera loco.

En la plaza tomamos un coche abierto. Yo me acomodé en el pescante, junto al cochero, y don Alejandro ordenó:

—Maestro, vamos a recorrer la ciudad. Llévenos donde quiera.

El negro, encaramado en un estribo, no cesaba de sonreír. Nunca sabré si entendió algo.

Las palabras son símbolos que postulan una memoria compartida. La que ahora quiero historiar es mía solamente; quienes la compartieron han muerto. Los místicos invocan una rosa, un beso, un pájaro que es todos los pájaros, un sol que es todas las estrellas y el sol, un cántaro de vino, un jardín o el acto sexual. De esas metáforas ninguna me sirve para esa larga noche de júbilo, que nos dejó, cansados y felices, en los linderos de la aurora. Casi no hablamos, mientras las ruedas y los cascos retumbaban sobre las piedras. Antes del alba, cerca de un agua oscura y humilde, que era tal vez el Maldonado o tal vez el Riachuelo, la alta voz de Nora Erfjord entonó la balada de Patrick Spens y don Alejandro coreó uno que otro verso en voz baja, desafinadamente. Las palabras inglesas no me trajeron la imagen de Beatriz. A mis espaldas Twirl murmuró:

—He querido hacer el mal y hago el bien.

Algo de lo que entrevimos perdura —el rojizo paredón de la Recoleta, el amarillo paredón de la cárcel, una pareja de hombres bailando en una esquina sin ochava, un atrio ajedrezado con una verja, las barreras del tren, mi casa, un mercado, la insondable y húmeda noche— pero ninguna de esas cosas fugaces, que acaso fueron otras, importa. Importa haber sentido que nuestro plan, del cual más de una vez nos burlamos, existía realmente y secretamente y era el universo y nosotros. Sin mayor esperanza, he buscado a lo largo de los años el sabor de esa noche; alguna vez creí recuperarla en la música, en el amor, en la incierta memoria, pero no ha vuelto, salvo una sola madrugada, en un sueño. Cuando juramos no decir nada a nadie ya era la mañana del sábado.

No los volví a ver más, salvo a Irala. No comentamos nunca la historia; cualquier palabra nuestra hubiera sido una profanación. En 1914, don Alejandro Glencoe murió y fue sepultado en Montevideo. Irala ya había muerto el año anterior.

Con Nierenstein me crucé una vez en la calle Lima y fingimos no habernos visto.

There Are More Things

A la memoria de Howard P. Lovecraft.

A punto de rendir el último examen en la Universidad de Texas, en Austin, supe que mi tío Edwin Arnett había muerto de un aneurisma, en el confín remoto del Continente. Sentí lo que sentimos cuando alguien muere: la congoja, ya inútil, de que nada nos hubiera costado haber sido más buenos. El hombre olvida que es un muerto que conversa con muertos. La materia que yo cursaba era filosofía; recordé que mi tío, sin invocar un solo nombre propio, me había revelado sus hermosas perplejidades, allá en la Casa Colorada, cerca de Lomas. Una de las naranjas del postre fue su instrumento para iniciarme en el idealismo de Berkeley; el tablero de ajedrez le bastó para las paradojas eleáticas. Años después me prestaría los tratados de Hinton, que quiere demostrar la realidad de una cuarta dimensión del espacio, que el lector puede intuir mediante complicados ejercicios con cubos de colores. No olvidaré los prismas y pirámides que erigimos en el piso del escritorio.

Mi tío era ingeniero. Antes de jubilarse de su cargo en el Ferrocarril decidió establecerse en Turdera, que

le ofrecía las ventajas de una soledad casi agreste y de la
cercanía de Buenos Aires. Nada más previsible que el ar-
quitecto fuera su íntimo amigo Alexander Muir. Este
hombre rígido profesaba la rígida doctrina de Knox;
mi tío, a la manera de casi todos los señores de su épo-
ca, era librepensador o, mejor dicho, agnóstico, pero le
interesaba la teología, como le interesaban los falaces
cubos de Hinton o las bien concertadas pesadillas del jo-
ven Wells. Le gustaban los perros; tenía un gran oveje-
ro al que le había puesto el apodo de Samuel Johnson
en memoria de Lichfield, su lejano pueblo natal.

La Casa Colorada estaba en un alto, cercada hacia
el poniente por terrenos anegadizos. Del otro lado de
la verja, las araucarias no mitigaban su aire de pesadez.
En lugar de azoteas había tejados de pizarra a dos aguas
y una torre cuadrada con un reloj, que parecían opri-
mir las paredes y las parcas ventanas. De chico, yo acep-
taba esas fealdades como se aceptan esas cosas incom-
patibles que sólo por razón de coexistir llevan el nom-
bre de universo.

Regresé a la patria en 1921. Para evitar litigios ha-
bían rematado la casa; la adquirió un forastero, Max
Preetorius, que abonó el doble de la suma ofrecida por
el mejor postor. Firmada la escritura, llegó al atardecer
con dos asistentes y tiraron a un vaciadero, no lejos
del Camino de las Tropas, todos los muebles, todos los
libros y todos los enseres de la casa. (Recordé con tris-
teza los diagramas de los volúmenes de Hinton y la gran
esfera terráquea.) Al otro día, fue a conversar con Muir
y le propuso ciertas refacciones, que éste rechazó con
indignación. Ulteriormente, una empresa de la Capital se
encargó de la obra. Los carpinteros de la localidad se
negaron a amueblar de nuevo la casa; un tal Mariani, de
Glew, aceptó al fin las condiciones que le impuso Pree-
torius. Durante una quincena, tuvo que trabajar de noche,
a puertas cerradas. Fue asimismo de noche que se ins-
taló en la Casa Colorada el nuevo habitante. Las ven-
tanas ya no se abrieron, pero en la oscuridad se divi-
saban grietas de luz. El lechero dio una mañana con el

ovejero muerto en la acera, decapitado y mutilado. En el invierno talaron las araucarias. Nadie volvió a ver a Preetorius, que, según parece, no tardó en dejar el país.

Tales noticias, como es de suponer, me inquietaron. Sé que mi rasgo más notorio es la curiosidad que me condujo alguna vez a la unión con una mujer del todo ajena a mí, sólo para saber quién era y cómo era, a practicar (sin resultado apreciable) el uso del láudano, a explorar los números transfinitos y a emprender la atroz aventura que voy a referir. Fatalmente decidí indagar el asunto.

Mi primer trámite fue ver a Alexander Muir. Lo recordaba erguido y moreno, de una flacura que no excluía la fuerza; ahora lo habían encorvado los años y la renegrida barba era gris. Me recibió en su casa de Temperley, que previsiblemente se parecía a la de mi tío, ya que las dos correspondían a las sólidas normas del buen poeta y mal constructor William Morris.

El diálogo fue parco; no en vano el símbolo de Escocia es el cardo. Intuí, no obstante, que el cargado té de Ceylán y la equitativa fuente de *scones* (que mi huésped partía y enmantecaba como si yo aún fuera un niño) eran, de hecho, un frugal festín calvinista, dedicado al sobrino de su amigo. Sus controversias teológicas con mi tío habían sido un largo ajedrez, que exigía de cada jugador la colaboración del contrario.

Pasaba el tiempo y yo no me acercaba a mi tema. Hubo un silencio incómodo y Muir habló.

—Muchacho *(Young man)* —dijo—, usted no se ha costeado hasta aquí para que hablemos de Edwin o de los Estados Unidos, país que poco me interesa. Lo que le quita el sueño es la venta de la Casa Colorada y ese curioso comprador. A mí, también. Francamente, la historia me desagrada, pero le diré lo que pueda. No será mucho.

Al rato, prosiguió sin premura:

—Antes que Edwin muriera, el intendente me citó en su despacho. Estaba con el cura párroco. Me propusieron que trazara los planos para una capilla católica. Remunerarían bien mi trabajo. Les contesté en el acto que no. Soy un servidor del Señor y no puedo cometer la abominación de erigir altares para ídolos.

Aquí se detuvo.

—¿Eso es todo? —me atreví a preguntar.

—No. El judezno ese de Preetorius quería que yo destruyera mi obra y que en su lugar pergeñara una cosa monstruosa. La abominación tiene muchas formas.

Pronunció estas palabras con gravedad y se puso de pie.

Al doblar la esquina se me acercó Daniel Iberra. Nos conocíamos como la gente se conoce en los pueblos. Me propuso que volviéramos caminando. Nunca me interesaron los malevos y preví una sórdida retahíla de cuentos de almacén más o menos apócrifos y brutales, pero me resigné y acepté. Era casi de noche. Al divisar desde unas cuadras la Casa Colorada en el alto, Iberra se desvió. Le pregunté por qué. Su respuesta no fue la que yo esperaba.

—Soy el brazo derecho de don Felipe. Nadie me ha dicho flojo. Te acordarás de aquel mozo Urgoiti que se costeó a buscarme de Merlo y de cómo le fue. Mirá. Noches pasadas, yo venía de una farra. A unas cien varas de la quinta, vi algo. El tubiano se me espantó y si no me le afirmo y lo hago tomar por el callejón, tal vez no cuento el cuento. Lo que vi no era para menos.

Muy enojado, agregó una mala palabra.

Aquella noche no dormí. Hacia el alba soñé con un grabado a la manera de Piranesi, que no había visto nunca o que había visto y olvidado, y que representaba el laberinto. Era un anfiteatro de piedra, cercado de cipreses y más alto que las copas· de los cipreses. No había ni puertas ni ventanas, pero sí una hilera infinita de hendijas verticales y angostas. Con un vidrio de aumento yo trataba de ver el minotauro. Al fin lo percibí. Era el monstruo de un monstruo; tenía menos de toro que de bisonte y, tendido en la tierra el cuerpo humano, parecía dormir y soñar. ¿Soñar con qué o con quién?

Esa tarde pasé frente a la Casa. El portón de la verja estaba cerrado y unos barrotes retorcidos. Lo que antes fue jardín era maleza. A la derecha había una zanja de escasa hondura y los bordes estaban pisoteados.

Una jugada me quedaba, que fui demorando durante días, no sólo por sentirla del todo vana, sino porque me arrastraría a la inevitable, a la última.

Sin mayores esperanzas fui a Glew. Mariani, el carpintero, era un italiano obeso y rosado, ya entrado en años, de lo más vulgar y cordial. Me bastó verlo para descartar las estratagemas que había urdido la víspera. Le entregué mi tarjeta, que deletreó pomposamente en voz alta, con algún tropezón reverencial al llegar a *doctor*. Le dije que me interesaba el moblaje fabricado por él para la propiedad que fue de mi tío, en Turdera. El hombre habló y habló. No trataré de transcribir sus muchas y gesticuladas palabras, pero me declaró que su lema era satisfacer todas las exigencias del cliente, por estrafalarias que fueran, y que él había ejecutado su trabajo al pie de la letra. Tras de hurgar en varios cajones, me mostró unos papeles que no entendí, firmados por el elusivo Preetorius. (Sin duda me tomó por un abogado.) Al despedirnos, me confió que por todo el oro del mundo no volvería a poner los pies en Turdera y menos en la casa. Agregó que el cliente es sagrado, pero que en su humilde opinión, el señor Preetorius estaba loco. Luego se calló, arrepentido. Nada más pude sonsacarle.

Yo había previsto ese fracaso, pero una cosa es prever algo y otra que ocurra.

Repetidas veces me dije que no hay otro enigma que el tiempo, esa infinita urdimbre del ayer, del hoy, del porvenir, del siempre y del nunca. Esas profundas reflexiones resultaron inútiles; tras de consagrar la tarde al estudio de Schopenhauer o de Royce, yo rondaba, noche tras noche, por los caminos de tierra que cercan la Casa Colorada. Algunas veces divisé arriba una luz muy blanca; otras creí oír un gemido. Así hasta el diecinueve de enero.

Fue uno de esos días de Buenos Aires en el que el
hombre se siente no sólo maltratado y ultrajado por el
verano, sino hasta envilecido. Serían las once de la no-
che cuando se desplomó la tormenta. Primero el viento
sur y después el agua a raudales. Erré buscando un ár-
bol. A la brusca luz de un relámpago me hallé a unos
pasos de la verja. No sé si con temor o con esperanza
probé el portón. Inesperadamente, cedió. Avancé em-
pujado por la tormenta. El cielo y la tierra me conmi-
naban. También la puerta de la casa estaba a medio
abrir. Una racha de lluvia me azotó la cara y entré.

Adentro habían levantado las baldosas y pisé pasto des-
greñado. Un olor dulce y nauseabundo penetraba la casa.
A izquierda o a derecha, no sé muy bien, tropecé con una
rampa de piedra. Apresuradamente subí. Casi sin pro-
ponérmelo hice girar la llave de la luz.

El comedor y la biblioteca de mis recuerdos eran ahora,
derribada la pared medianera, una sola gran pieza des-
mantelada, con uno que otro mueble. No trataré de des-
cribirlos, porque no estoy seguro de haberlos visto, pese
a la despiadada luz blanca. Me explicaré. Para ver una
cosa hay que comprenderla. El sillón presupone el cuer-
po humano, sus articulaciones y partes; las tijeras, el
acto de cortar. ¿Qué decir de una lámpara o de un
vehículo? El salvaje no puede percibir la biblia del mi-
sionero; el pasajero no ve el mismo cordaje que los
hombres de a bordo. Si viéramos realmente el uni-
verso, tal vez lo entenderíamos.

Ninguna de las formas insensatas que esa noche me
deparó correspondía a la figura humana o a un uso
concebible. Sentí repulsión y terror. En uno de los án-
gulos descubrí una escalera vertical, que daba al otro
piso. Entre los anchos tramos de hierro, que no pasarían
de diez, había huecos irregulares. Esa escalera, que pos-
tulaba manos y pies, era comprensible y de algún modo
me alivió. Apagué la luz y aguardé un tiempo en la
oscuridad. No oí el menor sonido, pero la presencia de
las cosas incomprensibles me perturbaba. Al fin me de-
cidí.

Ya arriba mi temerosa mano hizo girar por segunda
vez la llave de la luz. La pesadilla que prefiguraba el
piso inferior se agitaba y florecía en el último. Había
muchos objetos o unos pocos objetos entretejidos. Recu-
pero ahora una suerte de larga mesa operatoria, muy alta,
en forma de U, con hoyos circulares en los extremos.
Pensé que podía ser el lecho del habitante, cuya mons-
truosa anatomía se revelaba así, oblicuamente, como la
de un animal o un dios, por su sombra. De alguna pá-
gina de Lucano, leída hace años y olvidada, vino a mi
boca la palabra *anfisbena,* que sugería, pero que no ago-
taba por cierto lo que verían luego mis ojos. Asimismo
recuerdo una V de espejos que se perdía en la tiniebla
superior.

¿Cómo sería el habitante? ¿Qué podía buscar en este
planeta, no menos atroz para él que él para nosotros?
¿Desde qué secretas regiones de la astronomía o del
tiempo, desde qué antiguo y ahora incalculable crepúscu-
lo, habría alcanzado este arrabal sudamericano y esta
pecisa noche?

Me sentí un intruso en el caos. Afuera había cesado
la lluvia. Miré el reloj y vi con asombro que eran casi
las dos. Dejé la luz prendida y acometí cautelosamente
el descenso. Bajar por donde había subido no era impo-
sible. Bajar antes que el habitante volviera. Conjeturé que
no había cerrado las dos puertas porque no sabía ha-
cerlo.

Mis pies tocaban el penúltimo tramo de la escalera
cuando sentí que algo ascendía por la rampa, opresivo y
lento y plural. La curiosidad pudo más que el miedo y no
cerré los ojos.

El manuscrito original puede consultarse en la Biblioteca de la Universidad de Leiden; está en latín, pero algún helenismo justifica la conjetura de que fue vertido del griego. Según Leisegang, data del siglo cuarto de la era cristiana. Gibbon lo menciona, al pasar, en una de las notas del capítulo decimoquinto de su *Decline and Fall*. Reza el autor anónimo:

«... La Secta nunca fue numerosa y ahora son parcos sus prosélitos. Diezmados por el hierro y por el fuego duermen a la vera de los caminos o en las ruinas que ha perdonado la guerra, ya que les está vedado construir viviendas. Suelen andar desnudos. Los hechos registrados por mi pluma son del conocimiento de todos; mi propósito actual es dejar escrito lo que me ha sido dado descubrir sobre su doctrina y sus hábitos. He discutido largamente con sus maestros y no he logrado convertirlos a la Fe del Señor.

Lo primero que atrajo mi atención fue la diversidad de sus pareceres en lo que concierne a los muertos. Los más indoctos entienden que los espíritus de quienes han

dejado esta vida se encargan de enterrarlos; otros, que
no se atienen a la letra, declaran que la amonestación de
Jesús: *Deja que los muertos entierren a sus muertos*,
condena la pomposa vanidad de nuestros ritos funerarios.

El consejo de vender lo que se posee y de darlo a los
pobres es acatado rigurosamente por todos; los primeros
beneficiados lo dan a otros y éstos a otros. Esta es ex-
plicación suficiente de su indigencia y desnudez, que los
avecina asimismo al estado paradisíaco. Repiten con fer-
vor las palabras: *Considerad los cuervos, que ni siembran
ni siegan; que ni tienen cillero, ni alfolí; y Dios los
alimenta. ¿Cuánto de más estima sois vosotros que las
aves?* El texto proscribe el ahorro: *Si así viste Dios a la
hierba, que hoy está en el campo, y mañana es echada
en el horno, ¿cuánto más vosotros, hombres de poca fe?
Vosotros, pues, no procuréis qué hayáis de comer, o qué
hayáis de beber; ni estéis en ansiosa perplejidad.*

El dictamen *Quien mira una mujer para codiciarla,
ya adulteró con ella en su corazón* es un consejo ine-
quívoco de pureza. Sin embargo, son muchos los secta-
rios que enseñan que si no hay bajo los cielos un hom-
bre que no haya mirado a una mujer para codiciarla,
todos hemos adulterado. Ya que el deseo no es menos
culpable que el acto, los justos pueden entregarse sin
riesgo al ejercicio de la más desaforada lujuria.

La Secta elude las iglesias; sus doctores predican al
aire libre, desde un cerro o un muro o a veces desde
un bote en la orilla.

El nombre de la Secta ha suscitado tenaces conjeturas.
Alguna quiere que nos dé la cifra a que están reducidos
los fieles, lo cual es irrisorio pero profético, porque la
Secta, dada su perversa doctrina, está predestinada a la
muerte. Otra lo deriva de la altura del arca, que era
de treinta codos; otra, que falsea la astronomía, del nú-
mero de noches, que son la suma de cada mes lunar;
otra, del bautismo del Salvador; otra, de los años de
Adán, cuando surgió del polvo rojo. Todas son igual-
mente falsas. No menos mentiroso es el catálogo de
treinta divinidades o tronos, de los cuales uno es Abra-

xas, representado con cabeza de gallo, brazos y torso de hombre y remate de enroscada serpiente.

Sé la Verdad pero no puedo razonar la Verdad. El inapreciable don de comunicarla no me ha sido otorgado. Que otros, más felices que yo, salven a los sectarios por la palabra. Por la palabra o por el fuego. Más vale ser ejecutado que darse muerte. Me limitaré pues a la exposición de la abominable herejía.

El Verbo se hizo carne para ser hombre entre los hombres, que lo darían a la cruz y serían redimidos por Él. Nació del vientre de una mujer del pueblo elegido no sólo para predicar el Amor, sino para sufrir el martirio.

Era preciso que las cosas fueran inolvidables. No bastaba la muerte de un ser humano por el hierro o por la cicuta para herir la imaginación de los hombres hasta el fin de los días. El Señor dispuso los hechos de manera patética. Tal es la explicación de la última cena, de las palabras de Jesús que presagian la entrega, de la repetida señal a uno de los discípulos, de la bendición del pan y del vino, de los juramentos de Pedro, de la solitaria vigilia en Gethsemaní, del sueño de los doce, de la plegaria humana del Hijo, del sudor como sangre, de las espadas, del beso que traiciona, de Pilatos que se lava las manos, de la flagelación, del escarnio, de las espinas, de la púrpura y del cetro de caña, del vinagre con hiel, de la Cruz en lo alto de una colina, de la promesa al buen ladrón, de la tierra que tiembla y de las tinieblas.

La divina misericordia, a la que debo tantas mercedes, me ha permitido descubrir la auténtica y secreta razón del nombre de la Secta. En Kerioth, donde verosímilmente nació, perdura un conventículo que se apoda de los Treinta Dineros. Ese nombre fue el primitivo y nos da la clave. En la tragedia de la Cruz —lo escribo con debida reverencia— hubo actores voluntarios e involuntarios, todos imprescindibles, todos fatales. Involuntarios fueron los sacerdotes que entregaron los dineros de plata, involuntaria fue la plebe que eligió a Barrabás, involuntario fue el procurador de Judea, involuntarios fueron los romanos que erigieron la Cruz de Su martirio y clavaron los clavos y echaron suertes. Voluntarios sólo hubo dos: el Redentor y Judas. Este arrojó las treinta piezas que eran el precio de la salvación de las almas e inmediatamente se ahorcó. A la sazón contaba treinta y tres años, como el Hijo del Hombre. La Secta los venera por igual y absuelve a los otros.

No hay un solo culpable; no hay uno que no sea un ejecutor, a sabiendas o no, del plan que trazó la Sabiduría. Todos comparten ahora la Gloria.

Mi mano se resiste a escribir otra abominación. Los iniciados, al cumplir la edad señalada, se hacen escarnecer y crucificar en lo alto de un monte, para seguir el ejemplo de sus maestros. Esta violación criminal del quinto mandamiento debe ser reprimida con el rigor que las leyes humanas y divinas han exigido siempre. Que las maldiciones del Firmamento, que el odio de los ángeles...»

El fin del manuscrito no se ha encontrado.

En la antigua Confitería del Aguila, en Florida a la altura de Piedad, oímos la historia.

Se debatía el problema del conocimiento. Alguien invocó la tesis platónica de que ya todo lo hemos visto en un orbe anterior, de suerte que conocer es reconocer; mi padre, creo, dijo que Bacon había escrito que si aprender es recordar, ignorar es de hecho haber olvidado. Otro interlocutor, un señor de edad, que estaría un poco perdido en esa metafísica, se resolvió a tomar la palabra. Dijo con lenta seguridad:

—«No acabo de entender lo de los arquetipos platónicos. Nadie recuerda la primera vez que vio el amarillo o el negro o la primera vez que le tomó el gusto a una fruta, acaso porque era muy chico y no podía saber que inauguraba una serie muy larga. Por supuesto, hay otras primeras veces que nadie olvida. Yo les podría contar lo que me dejó cierta noche que suelo traer a la memoria, la del treinta de abril del 74.

Los veraneos de antes eran más largos, pero no sé por qué nos demoramos hasta esa fecha en el establecimiento de unos primos, los Dorna, a unas escasas leguas de Lobos. Por aquel tiempo, uno de los peones, Rufino, me inició en las cosas de campo. Yo estaba por cumplir mis trece años; él era bastante mayor y tenía fama de animoso. Era muy diestro; cuando jugaban a vistear el que quedaba con la cara tiznada era siempre el otro. Un viernes me propuso que el sábado a la noche fuéramos a divertirnos al pueblo. Por supuesto accedí, sin saber muy bien de qué se trataba. Le previne que yo no sabía bailar; me contestó que el baile se aprende fácil. Después de la comida, a eso de las siete y media, salimos. Rufino se había empilchado como quien va a una fiesta y lucía un puñal de plata; yo me fui sin mi cuchillo, por temor a las bromas. Poco tardamos en avistar las primeras casas. ¿Ustedes nunca estuvieron en Lobos? Lo mismo da; no hay un pueblo de la provincia que no sea idéntico a los otros, hasta en lo de creerse distinto. Los mismos callejones de tierra, los mismos huecos, las mismas casas bajas, como para que un hombre a caballo cobre más importancia. En una esquina nos apeamos frente a una casa pintada de celeste o de rosa, con unas letras que decían La Estrella. Atados al palenque había unos caballos con buen apero. Por la puerta de calle a medio entornar vi una hendija de luz. En el fondo del zaguán había una pieza larga, con bancos laterales de tabla y, entre los bancos, unas puertas oscuras que darían quién sabe dónde. Un cuzco de pelaje amarillo salió ladrando a hacerme fiestas. Había bastante gente; una media docena de mujeres con batones floreados iba y venía. Una señora de respeto, trajeada enteramente de negro, me pareció la dueña de casa. Rufino la saludó y le dijo:

—Aquí le traigo un nuevo amigo, que no es muy de a caballo.

—Ya aprenderá, pierda cuidado —contestó la señora.

Sentí vergüenza. Para despistar o para que vieran que yo era un chico, me puse a jugar con el perro, en la punta de un banco. Sobre la mesa de cocina ardían unas velas de sebo en unas botellas y me acuerdo también del braserito en un rincón del fondo. En la pared blanqueada de enfrente había una imagen de la Virgen de la Merced.

Alguien, entre una que otra broma, templaba una guitarra que le daba mucho trabajo. De puro tímido no rehusé una ginebra que me dejó la boca como un ascua. Entre las mujeres había una, que me pareció distinta a las otras. Le decían la Cautiva. Algo de aindiado le noté, pero los rasgos eran un dibujo y los ojos muy tristes. La trenza le llegaba hasta la cintura. Rufino, que advirtió que yo la miraba, le dijo:

—Volvé a contar lo del malón, para refrescar la memoria.

La muchacha habló como si estuviera sola y de algún modo yo sentí que no podía pensar en otra cosa y que esa cosa era lo único que le había pasado en la vida. Nos dijo así:

—Cuando me trajeron de Catamarca yo era muy chica. Qué iba yo a saber de malones. En la estancia ni los mentaban de miedo. Como un secreto, me fui enterando que los indios podían caer como una nube y matar a la gente y robarse los animales. A las mujeres las llevaban a Tierra Adentro y les hacían de todo. Hice lo que pude para no creer. Lucas mi hermano, que después lo lancearon, me perjuraba que eran todas mentiras, pero cuando una cosa es verdad basta que alguien la diga una sola vez para que uno sepa que es cierto. El gobierno les reparte vicios y yerba para tenerlos quietos, pero ellos tienen brujos muy precavidos que les dan su consejo. A una orden del cacique no les cuesta nada atropellar entre los fortines, que están desparramados. De puro cavilar, yo casi tenía ganas que se vinieran y sabía mirar para el rumbo que el sol se pone. No sé llevar la cuenta del tiempo, pero hubo escarchas y veranos y yerras y la muerte del hijo del capataz antes de la invasión. Fue como si los trajera el pampero. Yo vi una flor de cardo en una zanja y soñé con los indios. A la madrugada ocurrió. Los animales lo supieron antes que los cristianos,

como en los temblores de tierra. La hacienda estaba desa-
sosegada y por el aire iban y venían las aves. Corrimos a
mirar por el lado que yo siempre miraba.

—¿Quién les trajo el aviso? —preguntó alguno.

La muchacha, siempre como si estuviera muy lejos,
repitió la última frase.

—Corrimos a mirar por el lado que yo siempre mira-
ba. Era como si todo el desierto se hubiera echado a
andar. Por los barrotes de la verja de fierro vimos la
polvareda antes que los indios. Venían a malón. Se gol-
peaban la boca con la mano y daban alaridos. En Santa
Irene había unas armas largas, que no sirvieron más
que para aturdir y para que juntaran más rabia.

Hablaba la Cautiva como quien dice una oración, de me-
moria, pero yo oí en la calle los indios del desierto y los
gritos. Un empellón y estaban en la sala y fue como si en-
traran a caballo, en las piezas de un sueño. Eran orilleros
borrachos. Ahora, en la memoria, los veo muy altos. El que
venía en punta le asestó un codazo a Rufino, que estaba
cerca de la puerta. Este se demudó y se hizo a un lado.
La señora, que no se había movido de su lugar, se le-
vantó y nos dijo:

—Es Juan Moreira.

Pasado el tiempo, ya no sé si me acuerdo del hombre
de esa noche o del que veía tantas veces después en el
picadero. Pienso en la melena y en la barba negra de
Podestá, pero también en una cara rubiona, picada de
viruela. El cuzquito salió corriendo a hacerle fiestas. De
un talerazo, Moreira lo dejó tendido en el suelo. Cayó
de lomo y se murió moviendo las patas. Aquí empieza
de veras la historia.

Gané sin ruido una de las puertas, que daba a un pa-
sillo angosto y a una escalera. Arriba, me escondí en
una pieza oscura. Fuera de la cama, que era muy baja,
no sé qué muebles habría ahí. Yo estaba temblando. Abajo
no cejaban los gritos y algo de vidrio se rompió. Oí unos
pasos de mujer que subían y vi una momentánea hen-
dija de luz. Después la voz de la Cautiva me llamó como
en un susurro.

—Yo estoy aquí para servir, pero a gente de paz. Acércate que no te voy a hacer ningún mal.

Ya se había quitado el batón. Me tendí a su lado y le busqué la cara con las manos. No sé cuánto tiempo pasó. No hubo una palabra ni un beso. Le deshice la trenza y jugué con el pelo, que era muy lacio, y después con ella. No volveríamos a vernos y no supe nunca su nombre.

Un balazo nos aturdió. La Cautiva me dijo:

—Podés salir por la otra escalera.

Así lo hice y me encontré en la calle de tierra. La noche era de luna. Un sargento de policía, con rifle y bayoneta calada, estaba vigilando la tapia. Se rió y me dijo:

—A lo que veo, sos de los que madrugan temprano.

Algo debí de contestar, pero no me hizo caso. Por la tapia un hombre se descolgaba. De un brinco, el sargento le clavó el acero en la carne. El hombre se fue al suelo, donde quedó tendido de espaldas, gimiendo y desangrándose. Yo me acordé del perro. El sargento, para acabarlo de una buena vez, le volvió a hundir la bayoneta. Con una suerte de alegría le dijo:

—Moreira, lo que es hoy de nada te valió disparar.

De todos lados acudieron los de uniforme que habían ido rodeando la casa y después los vecinos. Andrés Chirino tuvo que forcejear para arrancar el arma. Todos querían estrecharle la mano. Rufino dijo riéndose:

—A este compadre ya se le acabaron los cortes.

Yo iba de grupo en grupo, contándole a la gente lo que había visto. De golpe me sentí muy cansado; tal vez tuviera fiebre. Me escurrí, lo busqué a Rufino y volvimos. Desde el caballo, vimos la luz blanca del alba. Más que cansado, me sentí aturdido, por esa correntada de cosas.»

—Por el gran río de esa noche —dijo mi padre.

El otro asintió.

—Así es. En el término escaso de unas horas yo había conocido el amor y yo había mirado la muerte. A todos los hombres le son reveladas todas las cosas o, por lo menos, todas aquellas cosas que a un hombre le es dado conocer, pero a mí, de la noche a la mañana, esas dos cosas esenciales me fueron reveladas. Los años pasan y son tantas las veces que he contado la historia que ya no sé si la recuerdo de veras o si sólo recuerdo las palabras con que la cuento. Tal vez lo mismo le pasó a la Cautiva con su malón. Ahora lo mismo da que fuera yo o que fuera otro el que vio matar a Moreira.

Librada la batalla de Clontarf, en la que fue humillado
el noruego, el Alto Rey habló con el poeta y le dijo:

—Las proezas más claras pierden su lustre si no se las
amoneda en palabras. Quiero que cantes mi victoria y mi
loa. Yo seré Eneas; tú serás mi Virgilio. ¿Te crees
capaz de acometer esa empresa, que nos hará inmortales
a los dos?

—Sí, Rey —dijo el poeta—. Yo soy el Ollan. Durante
doce inviernos he cursado las disciplinas de la métrica.
Sé de memoria las trescientas sesenta fábulas que son la
base de la verdadera poesía. Los ciclos de Ulster y de
Munster están en las cuerdas de mi arpa. Las leyes me
autorizan a prodigar las voces más arcaicas del idioma
y las más complejas metáforas. Domino la escritura
secreta que defiende nuestro arte del indiscreto examen
del vulgo. Puedo celebrar los amores, los abigeatos, las
navegaciones, las guerras. Conozco los linajes mitoló-
gicos de todas las casas reales de Irlanda. Poseo las
virtudes de las hierbas, la astrología judiciaria, las mate-
máticas y el derecho canónico. He derrotado en público

certamen a mis rivales. Me he adiestrado en la sátira, que
causa enfermedades de la piel, incluso la lepra. Sé ma-
nejar la espada, como lo probé en tu batalla. Sólo una
cosa ignoro: la de agradecer el don que me haces.

El Rey, a quien lo fatigaban fácilmente los discursos
largos y ajenos, le dijo con alivio:

—Sé harto bien esas cosas. Acaban de decirme que el
ruiseñor ya cantó en Inglaterra. Cuando pasen las llu-
vias y las nieves, cuando regrese el ruiseñor de sus
tierras del Sur, recitarás tu loa ante la corte y ante el Co-
legio de Poetas. Te dejo un año entero. Limarás cada
letra y cada palabra. La recompensa, ya lo sabes, no será
indigna de mi real costumbre ni de tus inspiradas vi-
gilias.

—Rey, la mejor recompensa es ver tu rostro —dijo
el poeta, que era también un cortesano.

Hizo sus reverencias y se fue, ya entreviendo algún
verso.

Cumplido el plazo, que fue de epidemias y rebeliones,
presentó el panegírico. Lo declamó con lenta seguridad,
sin una ojeada al manuscrito. El Rey lo iba aprobando
con la cabeza. Todos imitaban su gesto, hasta los que agol-
pados en las puertas, no descifraban una palabra. Al fin
el Rey habló.

—Acepto tu labor. Es otra victoria. Has atribuido a
cada vocablo su genuina acepción y a cada nombre sus-
tantivo el epíteto que le dieron los primeros poetas. No
hay en toda la loa una sola imagen que no hayan usado
los clásicos. La guerra es el hermoso tejido de hombres y
el agua de la espada es la sangre. El mar tiene su dios y las
nubes predicen el porvenir. Has manejado con destreza
la rima, la aliteración, la asonancia, las cantidades, los
artificios de la docta retórica, la sabia alteración de los
metros. Si se perdiera toda la literatura de Irlanda —*omen
absit*— podría reconstruirse sin pérdida con tu clásica
oda. Treinta escribas la van a transcribir dos veces.

Hubo un silencio y prosiguió.

—Todo está bien y sin embargo nada ha pasado. En
los pulsos no corre más a prisa la sangre. Las manos

no han buscado los arcos. Nadie ha palidecido. Nadie profirió un grito de batalla, nadie opuso el pecho a los vikings. Dentro del término de un año aplaudiremos otra loa, poeta. Como signo de nuestra aprobación, toma este espejo que es de plata.

—Doy gracias y comprendo —dijo el poeta.

Las estrellas del cielo retomaron su claro derrotero. Otra vez cantó el ruiseñor en las selvas sajonas y el poeta retornó con su códice, menos largo que el anterior. No lo repitió de memoria; lo leyó con visible inseguridad, omitiendo ciertos pasajes, como si él mismo no los entendiera del todo o no quisiera profanarlos. La página era extraña. No era una descripción de la batalla, era la batalla. En su desorden bélico se agitaban el Dios que es Tres y es Uno, los númenes paganos de Irlanda y los que guerrearían, centenares de años después, en el principio de la Edda Mayor. La forma no era menos curiosa. Un sustantivo singular podía regir un verdo plural. Las preposiciones eran ajenas a las normas comunes. La aspereza alternaba con la dulzura. Las metáforas eran arbitrarias o así lo parecían.

El Rey cambió unas pocas palabras con los hombres de letras que lo rodeaban y habló de esta manera:

—De tu primera loa pude afirmar que era un feliz resumen de cuanto se ha cantado en Irlanda. Esta supera todo lo anterior y también lo aniquila. Suspende, maravilla y deslumbra. No la merecerán los ignaros, pero sí los doctos, los menos. Un cofre de marfil será la custodia del único ejemplar. De la pluma que ha producido obra tan eminente podemos esperar todavía una obra más alta.

Agregó con una sonrisa:

—Somos figuras de una fábula y es justo recordar que en las fábulas prima el número tres.

El poeta se atrevió a murmurar:

—Los tres dones del hechicero, las tríadas y la indudable Trinidad.

El Rey prosiguió:

—Como prenda de nuestra aprobación, toma esta máscara de oro.

—Doy gracias y he entendido —dijo el poeta.

El aniversario volvió. Los centinelas del palacio advirtieron que el poeta no traía un manuscrito. No sin estupor el Rey lo miró; casi era otro. Algo, que no era el tiempo, había surcado y transformado sus rasgos. Los ojos parecían mirar muy lejos o haber quedado ciegos. El poeta le rogó que hablara unas palabras con él. Los esclavos despejaron la cámara.

—¿No has ejecutado la oda? —preguntó el Rey.

—Sí —dijo tristemente el poeta—. Ojalá Cristo Nuestro Señor me lo hubiera prohibido.

—¿Puedes repetirla?

—No me atrevo.

—Yo te doy el valor que te hace falta —declaró el Rey.

El poeta dijo el poema. Era una sola línea.

Sin animarse a pronunciarla en voz alta, el poeta y su Rey la paladearon, como si fuera una plegaria secreta o una blasfemia. El Rey no estaba menos maravillado y menos maltrecho que el otro. Ambos se miraron, muy pálidos.

—En los años de mi juventud —dijo el Rey— navegué hacia el ocaso. En una isla vi lebreles de plata que daban muerte a jabalíes de oro. En otra nos alimentamos con la fragancia de las manzanas mágicas. En otra vi murallas de fuego. En la más lejana de todas un río abovedado y pendiente surcaba el cielo y por sus aguas iban peces y barcos. Estas son maravillas, pero no se comparan con tu poema, que de algún modo las encierra. ¿Qué hechicería te lo dio?

—En el alba —dijo el poeta— me recordé diciendo unas palabras que al principio no comprendí. Esas palabras son un poema. Sentí que había cometido un pecado, quizá el que no perdona el Espíritu.

—El que ahora compartimos los dos —el Rey musitó—. El de haber conocido la Belleza, que es un don vedado a los hombres. Ahora nos toca expiarlo. Te di un

espejo y una máscara de oro; he aquí el tercer regalo
que será el último.

Le puso en la diestra una daga.

Del poeta sabemos que se dio muerte al salir del pa-
lacio; del Rey, que es un mendigo que recorre los
caminos de Irlanda, que fue su reino, y que no ha
repetido nunca el poema.

Debo prevenir al lector que las páginas que traslado se buscarán en vano en el *Libellus* (1615) de Adán de Bremen, que, según se sabe, nació y murió en el siglo once. Lappenberg las halló en un manuscrito de la Bodleiana de Oxford y las juzgó, dado el acopio de pormenores circunstanciales, una tardía interpolación, pero las publicó, a título de curiosidad en sus *Analecta Germanica* (Leipzig, 1894). El parecer de un mero aficionado argentino vale muy poco; júzguelas el lector como quiera. Mi versión española no es literal, pero es digna de fe.

Escribe Adán de Bremen:

«... De las naciones que lindan con el desierto que se dilata en la otra margen del Golfo, más allá de las tierra en que procrea el caballo salvaje, la más digna de mención es la de los urnos. La incierta o fabulosa información de los mercaderes, lo azaroso del rumbo y las depredaciones de los nómadas, nunca me permitieron arribar a su territorio. Me consta, sin embargo, que sus precarias y apartadas aldeas quedan en las tierras bajas del Vístula. A diferencia de los suecos, los urnos profesan

la genuina fe de Jesús, no maculada de arrianismo ni del
sangriento culto de los demonios, de los que derivan su
estirpe las casas reales de Inglaterra y de otras naciones
del Norte. Son pastores, barqueros, hechiceros, forja-
dores de espadas y trenzadores. Debido a la inclemen-
cia de las guerras casi no aran la tierra. La llanura y las
tribus que la recorren los han hecho muy diestros en
el manejo del caballo y del arco. Siempre uno acaba por
asemejarse a sus enemigos. Las lanzas son más largas
que las nuestras, ya que son de jinetes y no de peones.

Desconocen, como es de suponer, el uso de la pluma,
del cuerno de tinta y del pergamino. Graban sus carac-
teres como nuestros mayores las runas que Odín les re-
veló, después de haber pendido del fresno, Odín sacrifi-
cado a Odín, durante nueve noches.

A estas noticias generales agregaré la historia de mi
diálogo con el islandés Ulf Sigurdarson, hombre de
graves y medidas palabras. Nos encontramos en Uppsala,
cerca del templo. El fuego de leña había muerto; por
las desparejas hendijas de la pared fueron entrando el
frío y el alba. Afuera dejarían su cautelosa marca en la
nieve los lobos grises que devoran la carne de los pa-
ganos destinados a los tres dioses. Nuestro coloquio había
comenzado en latín, como es de uso entre clérigos, pero
no tardamos en pasar a la lengua del norte que se dilata
desde la Ultima Thule hasta los mercados de Asia. El
hombre dijo:

—Soy de estirpe de *Skalds;* me bastó saber que la
poesía de los urnos consta de una sola palabra para em-
prender su busca y el derrotero que me conduciría a su
tierra. No sin fatigas y trabajos llegué al cabo de un
año. Era de noche; advertí que los hombres que se cru-
zaban en mi camino me miraban curiosamente y una que
otra pedrada me alcanzó. Vi el resplandor de una he-
rrería y entré.

El herrero me ofreció albergue por la noche. Se lla-
maba Orm. Su lengua era más o menos la nuestra. Cam-
biamos unas pocas palabras. De sus labios oí por primera
vez el nombre del rey, que era Gunnlaug. Supe que li-

brada la última guerra, miraba con recelo a los foras-
teros y que su hábito era crucificarlos. Para eludir ese
destino, menos adecuado a un hombre que a un Dios,
emprendí la escritura de un *drápa,* o composición lauda-
toria, que celebraba las victorias, la fama y la misericor-
dia del rey. Apenas la aprendí de memoria vinieron a bus-
carme dos hombres. No quise entregarles mi espada, pero
me dejé conducir.

Aún había estrellas en el alba. Atravesamos un es-
pacio de tierra con chozas a los lados. Me habían ha-
blado de pirámides; lo que vi en la primera de las plazas
fue un poste de madera amarilla. Distinguí en una punta
la figura negra de un pez. Orm, que nos había acompa-
ñado, me dijo que ese pez era la Palabra. En la siguiente
plaza vi un poste rojo con un disco. Orm repitió que
era la Palabra. Le pedí que me la dijera. Me dijo que era
un simple artesano y que no la sabía.

En la tercera plaza, que fue la última, vi un poste
pintado de negro, con un dibujo que he olvidado. En el
fondo había una larga pared derecha, cuyos extremos no
divisé. Comprobé después que era circular, techada de
barro, sin puertas interiores, y que daba toda la vuelta
de la ciudad. Los caballos atados al palenque eran de
poca alzada y crinudos. Al herrero no lo dejaron entrar.
Adentro había gente de armas, toda de pie. Gunnlaug,
el rey, que estaba doliente, yacía con los ojos semi-
cerrados en una suerte de tarima, sobre unos cueros de
camello. Era un hombre gastado y amarillento, una cosa
sagrada y casi olvidada; viejas y largas cicatrices le cru-
zaban el pecho. Uno de los soldados me abrió camino. Al-
guien había traído un harpa. Hincado, entoné en voz
baja la *drápa.* No faltaban las figuras retóricas, las alite-
raciones y los acentos que el género requiere. No sé si el
rey la comprendió pero me dio un anillo de plata que
guardo aún. Bajo la almohada pude entrever el filo de un
puñal. A su derecha había un tablero de ajedrez, con
un centenar de casillas y unas pocas piezas desorde-
nadas.

La guardia me empujó hacia el fondo. Un hombre tomó mi lugar, y lo hizo de pie. Pulsó las cuerdas como templándolas y repitió en voz baja la palabra que yo hubiera querido penetrar y no penetré. Alguien dijo con reverencia: *Ahora no quiere decir nada.*

Vi alguna lágrima. El hombre alzaba o alejaba la voz y los acordes casi iguales eran monótonos o, mejor aún, infinitos. Yo hubiera querido que el canto siguiera para siempre y fuera mi vida. Bruscamente cesó. Oí el ruido del harpa cuando el cantor, sin duda exhausto, la arrojó al suelo. Salimos en desorden. Fui de los últimos. Vi con asombro que la luz estaba declinando.

Caminé unos pasos. Una mano en el hombro me detuvo. Me dijo:

—La sortija del rey fue tu talismán, pero no tardarás en morir porque has oído la Palabra. Yo, Bjarni Thorkelsson, te salvaré. Soy de estirpe de *Skalds*. En tu ditirambo apodaste agua de la espada a la sangre y batalla de hombres a la batalla. Recuerdo haber oído esas figuras al padre de mi padre. Tú y yo somos poetas; te salvaré. Ahora no definimos cada hecho que enciende nuestro canto, lo ciframos en una sola palabra que es la Palabra.

Le respondí:

—No pude oírla. Te pido que me digas cuál es.

Vaciló unos instantes y contestó:

—He jurado no revelarla. Además, nadie puede enseñar nada. Debes buscarla solo. Apresurémonos, que tu vida corre peligro. Te esconderé en mi casa, donde no se atreverán a buscarte. Si el viento es favorable, navegarás mañana hacia el Sur.

Así tuvo principio la aventura que duraría tantos inviernos. No referiré sus azares ni trataré de recordar el orden cabal de sus inconstancias. Fui remero, mercader de esclavos, esclavo, leñador, salteador de caravanas, cantor, catador de aguas hondas y de metales. Padecí cautiverio durante un año en las minas de azogue, que aflojan los dientes. Milité con hombres de Suecia en la guardia de Mikligarthr (Constantinopla). A orillas del

Azov me quiso una mujer que no olvidaré; la dejé o ella
me dejó, lo cual es lo mismo. Fui traicionado y traicioné.
Más de una vez el destino me hizo matar. Un soldado
griego me desafió y me dio la elección de dos espadas.
Una le llevaba un palmo a la otra. Comprendí que
trataba de intimidarme y elegí la más corta. Me preguntó
por qué. Le respondí que de mi puño a su corazón la
distancia era igual. En una margen del Mar Negro está
el epitafio rúnico que grabé para mi compañero Leif
Arnarson. He combatido con los Hombres Azules de
Serkland, los sarracenos. En el curso del tiempo he sido
muchos, pero ese torbellino fue un largo sueño. Lo
esencial era la Palabra. Alguna vez descreí de ella. Me
repetí que renunciar al hermoso juego de combinar pa-
labras hermosas era insensato y que no hay por qué
indagar una sola, acaso ilusoria. Ese razonamiento fue
vano. Un misionero me propuso la palabra Dios, que
rechacé. Cierta aurora a orillas de un río que se dilataba
en un mar creí haber dado con la revelación.

Volví a la tierra de los urnos y me dio trabajo encon-
trar la casa del cantor.

Entré y dije mi nombre. Ya era de noche. Thorkels-
son, desde el suelo me dijo que encendiera un velón
en el candelero de bronce. Tanto había envejecido su
cara que no pude dejar de pensar que yo mismo era
viejo. Como es de uso le pregunté por su rey. Me re-
plicó:

—Ya no se llama Gunnlaug. Ahora es otro su nombre.
Cuéntame bien tus viajes.

Lo hice con mejor orden y con prolijos pormenores
que omito. Antes del fin me interrogó:

—¿Cantaste muchas veces por esas tierras?

La pregunta me tomó de sorpresa.

—Al principio —le dije— canté para ganarme la vida.
Luego, un temor que no comprendo me alejó del canto
y del harpa.

—Está bien —asintió—. Ya puedes proseguir con tu
historia.

Acaté la orden. Sobrevino después un largo silencio.

—¿Qué te dio la primer mujer que tuviste? —me preguntó.

—Todo —le contesté.

—A mí también la vida me dio todo. A todos la vida les da todo, pero los más lo ignoran. Mi voz está cansada y mis dedos débiles, pero escúchame.

Dijo la palabra *Undr,* que quiere decir maravilla.

Me sentí arrebatado por el canto del hombre que moría, pero en su canto y en su acorde vi mis propios trabajos, la esclava que me dio el primer amor, los hombres que maté, las albas de frío, la aurora sobre el agua, los remos. Tomé el harpa y canté con una palabra distinta.

—Está bien —dijo el otro y tuve que acercarme para oírlo—. Me has entendido.»

Utopía de un hombre que está cansado

> *Llamóla* Utopía, *voz griega cuyo significado es* no hay tal lugar.
>
> Quevedo

No hay dos cerros iguales, pero en cualquier lugar de la tierra la llanura es una y la misma. Yo iba por un camino de la llanura. Me pregunté sin mucha curiosidad si estaba en Oklahoma o en Texas o en la región que los literatos llaman la pampa. Ni a derecha ni a izquierda vi un alambrado. Como otras veces repetí despacio estas líneas, de Emilio Oribe:

> *En medio de la pánica llanura interminable*
> *Y cerca del Brasil,*

que van creciendo y agrandándose.

El camino era desparejo. Empezó a caer la lluvia. A unos doscientos o trescientos metros vi la luz de una casa. Era baja y rectangular y cercada de árboles. Me abrió la puerta un hombre tan alto que casi me dio miedo. Estaba vestido de gris. Sentí que esperaba a alguien. No había cerradura en la puerta.

Entramos en una larga habitación con las paredes de madera. Pendía del cielo raso una lámpara de luz amarillenta. La mesa, por alguna razón, me extrañó. En la mesa había una clepsidra, la primera que he visto, fuera de algún grabado en acero. El hombre me indicó una de las sillas.

Ensayé diversos idiomas y no nos entendimos. Cuando él habló lo hizo en latín. Junté mis ya lejanas memorias de bachiller y me preparé para el diálogo.

—Por la ropa —me dijo—, veo que llegas de otro siglo. La diversidad de las lenguas favorecía la diversidad de los pueblos y aun de las guerras; la tierra ha regresado al latín. Hay quienes temen que vuelva a degenerar en francés, en lemosín o en papiamento, pero el riesgo no es inmediato. Por lo demás, ni lo que ha sido ni lo que será me interesan.

No dije nada y agregó:

—Si no te desagrada ver comer a otro, ¿quieres acompañarme?

Comprendí que advertía mi zozobra y dije que sí.

Atravesamos un corredor con puertas laterales, que daba a una pequeña cocina en la que todo era de metal. Volvimos con la cena en una bandeja: boles con copos de maíz, un racimo de uvas, una fruta desconocida cuyo sabor me recordó el del higo, y una gran jarra de agua. Creo que no había pan. Los rasgos de mi huésped eran agudos y tenía algo singular en los ojos. No olvidaré ese rostro severo y pálido que no volveré a ver. No gesticulaba al hablar.

Me trababa la obligación del latín, pero finalmente le dije:

—¿No te asombra mi súbita aparición?

—No —me replicó—, tales visitas nos ocurren de siglo en siglo. No duran mucho; a más tardar estarás mañana en tu casa.

La certidumbre de su voz me bastó. Juzgué prudente presentarme:

—Soy Eudoro Acevedo. Nací en 1897, en la ciudad de Buenos Aires. He cumplido ya setenta años. Soy profesor de letras inglesas y americanas y escritor de cuentos fantásticos.

—Recuerdo haber leído sin desagrado —me contestó—
dos cuentos fantásticos. Los Viajes del Capitán Lemuel
Gulliver, que muchos consideran verídicos, y la Suma
Teológica. Pero no hablemos de hechos. Ya a nadie le
importan los hechos. Son meros puntos de partida para
la invención y el razonamiento. En las escuelas nos
enseñan la duda y el arte del olvido. Ante todo el olvido
de lo personal y local. Vivimos en el tiempo, que es su-
cesivo, pero tratamos de vivir *sub specie aeternitatis*.
Del pasado nos quedan algunos nombres, que el lenguaje
tiende a olvidar. Eludimos las inútiles precisiones. No hay
cronología ni historia. No hay tampoco estadísticas. Me
has dicho que te llamas Eudoro; yo no puedo decirte
cómo me llamo, porque me dicen alguien.

—¿Y cómo se llamaba tu padre?

—No se llamaba.

En una de las paredes vi un anaquel. Abrí un volu-
men al azar; las letras eran claras e indescifrables y tra-
zadas a mano. Sus líneas angulares me recordaron el al-
fabeto rúnico, que, sin embargo, sólo se empleó para
la escritura epigráfica. Pensé que los hombres del porve-
nir no sólo eran más altos, sino más diestros. Instin-
tivamente miré los largos y finos dedos del hombre.

Este me dijo:

—Ahora vas a ver algo que nunca has visto.

Me tendió con cuidado un ejemplar de la *Utopía* de
Moro, impreso en Basilea en el año 1518 y en el que
faltaban hojas y láminas.

No sin fatuidad repliqué:

—Es un libro impreso. En casa habrá más de dos mil,
aunque no tan antiguos ni tan preciosos.

Leí en voz alta el título.

El otro se rió.

—Nadie puede leer dos mil libros. En los cuatro siglos
que vivo no habré pasado de una media docena. Además
no importa leer, sino releer. La imprenta, ahora abolida,
ha sido uno de los peores males del hombre, ya que ten-
dió a multiplicar hasta el vértigo textos innecesarios.

—En mi curioso ayer —contesté—, prevalecía la superstición de que entre cada tarde y cada mañana ocurren hechos que es una vergüenza ignorar. El planeta estaba poblado de espectros colectivos, el Canadá, el Brasil, el Congo Suizo y el Mercado Común. Casi nadie sabía la historia previa de esos entes platónicos, pero sí los más ínfimos pormenores del último congreso de pedagogos, la inminente ruptura de relaciones y los mensajes que los presidentes mandaban, elaborados por el secretario del secretario con la prudente imprecisión que era propia del género.

Todo esto se leía para el olvido, porque a las pocas horas lo borrarían otras trivialidades. De todas las funciones, la del político era sin duda la más pública. Un embajador o un ministro era una suerte de lisiado que era preciso trasladar en largos y ruidosos vehículos, cercado de ciclistas y granaderos y aguardado por ansiosos fotógrafos. Parece que les hubieran cortado los pies, solía decir mi madre. Las imágenes y la letra impresa eran más reales que las cosas. Sólo lo publicado era verdadero. *Esse est percipi* (ser es ser retratado) era el principio, el medio y el fin de nuestro singular concepto del mundo. En el ayer que me tocó, la gente era ingenua; creía que una mercadería era buena porque así lo afirmaba y lo repetía su propio fabricante. También eran frecuentes los robos, aunque nadie ignoraba que la posesión de dinero no da mayor felicidad ni mayor quietud.

—¿Dinero? —repitió—. Ya no hay quien adolezca de pobreza, que habrá sido insufrible, ni de riqueza, que habrá sido la forma más incómoda de la vulgaridad. Cada cual ejerce un oficio.

—Como los rabinos —le dije.

Pareció no entender y prosiguió.

—Tampoco hay ciudades. A juzgar por las ruinas de Bahía Blanca, que tuve la curiosidad de explorar, no se ha perdido mucho. Ya que no hay posesiones, no hay herencias. Cuando el hombre madura a los cien años, está listo a enfrentarse consigo mismo y con su soledad. Ya ha engendrado un hijo.

—¿Un hijo? —pregunté.

—Sí. Uno solo. No conviene fomentar el género humano. Hay quienes piensan que es un órgano de la divinidad para tener conciencia del universo, pero nadie sabe con certidumbre si hay tal divinidad. Creo que ahora se discuten las ventajas y desventajas de un suicidio gradual o simultáneo de todos los hombres del mundo. Pero volvamos a lo nuestro.

Asentí.

—Cumplidos los cien años, el individuo puede prescindir del amor y de la amistad. Los males y la muerte involuntaria no lo amenazan. Ejerce alguna de las artes, la filosofía, las matemáticas o juega a un ajedrez solitario. Cuando quiere se mata. Dueño el hombre de su vida, lo es también de su muerte.

—¿Se trata de una cita? —le pregunté.

—Seguramente. Ya no nos quedan más que citas. La lengua es un sistema de citas.

—¿Y la grande aventura de mi tiempo, los viajes espaciales? —le dije.

—Hace ya siglos que hemos renunciado a esas traslaciones, que fueron ciertamente admirables. Nunca pudimos evadirnos de un aquí y de un ahora.

Con una sonrisa agregó:

—Además, todo viaje es espacial. Ir de un planeta a otro es como ir a la granja de enfrente. Cuando usted entró en este cuarto estaba ejecutando un viaje espacial.

—Así es —repliqué—. También se hablaba de sustancias químicas y de animales zoológicos.

El hombre ahora me daba la espalda y miraba por los cristales. Afuera, la llanura estaba blanca de silenciosa nieve y de luna.

Me atreví a preguntar:

—¿Todavía hay museos y bibliotecas?

—No. Queremos olvidar el ayer, salvo para la composición de elegías. No hay conmemoraciones ni centenarios ni efigies de hombres muertos. Cada cual debe producir por su cuenta las ciencias y las artes que necesita.

—En tal caso, cada cual debe ser su propio Bernard Shaw, su propio Jesucristo y su propio Arquímedes.

Asintió sin una palabra. Inquirí:

—¿Qué sucedió con los gobiernos?

—Según la tradición fueron cayendo gradualmente en desuso. Llamaban a elecciones, declaraban guerras, imponían tarifas, confiscaban fortunas, ordenaban arrestos y pretendían imponer la censura y nadie en el planeta los acataba. La prensa dejó de publicar sus colaboraciones y sus efigies. Los políticos tuvieron que buscar oficios honestos; algunos fueron buenos cómicos o buenos curanderos. La realidad sin duda habrá sido más compleja que este resumen.

Cambió de tono y dijo:

—He construido esta casa, que es igual a todas las otras. He labrado estos muebles y estos enseres. He trabajado el campo, que otros cuya cara no he visto, trabajarán mejor que yo. Puedo mostrarte algunas cosas.

Lo seguí a una pieza contigua. Encendió una lámpara, que también pendía del cielo raso. En un rincón vi un arpa de pocas cuerdas. En las paredes había telas rectangulares en las que predominaban los tonos del color amarillo. No parecían proceder de la misma mano.

—Esta es mi obra —declaró.

Examiné las telas y me detuve ante la más pequeña, que figuraba o sugería una puesta de sol y que encerraba algo infinito.

—Si te gusta puedes llevártela, como recuerdo de un amigo futuro —dijo con palabra tranquila.

Le agradecí, pero otras telas me inquietaron. No diré que estaban en blanco, pero sí casi en blanco.

—Están pintadas con colores que tus antiguos ojos no pueden ver.

Las delicadas manos tañeron las cuerdas del arpa y apenas percibí uno que otro sonido.

Fue entonces cuando se oyeron los golpes.

Una alta mujer y tres o cuatro hombres entraron en la casa. Diríase que eran hermanos o que los había igualado el tiempo. Mi huésped habló primero con la mujer.

—Sabía que esta noche no faltarías. ¿Lo has visto a Nils?

—De tarde en tarde. Sigue siempre entregado a la pintura.

—Esperemos que con mejor fortuna que su padre.

Manuscritos, cuadros, muebles, enseres; no dejamos nada en la casa.

La mujer trabajó a la par de los hombres. Me avergoncé de mi flaqueza que casi no me permitía ayudarlos. Nadie cerró la puerta y salimos, cargados con las cosas. Noté que el techo era de dos aguas.

A los quice minutos de caminar, doblamos por la izquierda. En el fondo divisé una suerte de torre, coronada por una cúpula.

—Es el crematorio —dijo alguien—. Adentro está la cámara letal. Dicen que la inventó un filántropo cuyo nombre, creo, era Adolfo Hitler.

El cuidador, cuya estatura no me asombró, nos abrió la verja.

Mi huésped susurró unas palabras. Antes de entrar en el recinto se despidió con un ademán.

—La nieve seguirá —anunció la mujer.

En mi escritorio de la calle México guardo la tela que alguien pintará, dentro de miles de años, con materiales hoy dispersos en el planeta.

La historia que refiero es la de dos hombres o más bien la de un episodio en el que intervinieron dos hombres. El hecho mismo, nada singular ni fantástico, importa menos que el carácter de sus protagonistas. Ambos pecaron por vanidad, pero de un modo harto distinto y con resultado distinto. La anécdota (en realidad no es mucho más) ocurrió hace muy poco, en uno de los estados de América. Entiendo que no pudo haber ocurrido en otro lugar.

A fines de 1961, en la Universidad de Texas, en Austin, tuve ocasión de conversar largamente con uno de los dos, el doctor Ezra Winthrop. Era profesor de inglés antiguo (no aprobaba el empleo de la palabra *anglosajón*, que sugiere un artefacto hecho de dos piezas). Recuerdo que sin contradecirme una sola vez corrigió mis muchos errores y temerarias presunciones. Me dijeron que en los exámenes prefería no formular una sola pregunta; invitaba al alumno a discurrir sobre tal o cual tema, dejando a su elección el punto preciso. De vieja raíz puritana, oriundo de Boston, le había costado hacerse a los hábitos y prejuicios del Sur. Extrañaba la nive, pero he observado que a la gente del Norte le enseñan a precaverse del frío, como a nosotros del calor. Guardo la imagen ya borrosa, de un hombre más bien alto, de pelo gris, menos ágil que fuerte. Más claro es mi recuerdo de su colega Herbert Locke, que me dio un ejemplar de su libro *Toward a History of the Kenning,* donde se lee que los sajones no tardaron en precindir de esas metáforas un tanto mecánicas (camino de la ballena por mar, halcón de la batalla por águila), en tanto que los poetas escandinavos las fueron combinando y entrelazando hasta lo inextricable. He mencionado a Herbert Locke porque es parte integral de mi relato.

Arribo ahora al islandés Eric Einarsson, acaso el verdadero protagonista. No lo vi nunca. Llegó a Texas en 1969, cuando yo estaba en Cambridge, pero las cartas de un amigo común, Ramón Martínez López, me han dejado la convicción de conocerlo íntimamente. Sé que es impetuoso, enérgico y frío; en una tierra de hombres altos es alto. Dado su pelo rojo era inevitable que los estudiantes lo apodaran Erico el Rojo. Opinaba que el uso del *slang* forzosamente erróneo, hace del extranjero un intruso y no condescendió nunca al O. K. Buen investigador de las lenguas nórdicas, del inglés, del latín y —aunque no lo confesara— del alemán, poco le costó abrirse paso en las universidades de América. Su primer trabajo fue una monografía sobre los cuatro artículos que dedicó De Quincey al influjo que ha dejado el danés en la regién lacustre de Westmoreland. La siguió una segunda sobre el dialecto de los campesinos de Yorkshire. Ambos estudios fueron bien acogidos, pero Einarsson pensó que su carrera precisaba algún elemento de asombro. En 1970 publicó en Yale una copiosa edición crítica de la balada de Maldon. El *scholarship* de las notas era innegable, pero ciertas hipótesis del prefacio suscitaron alguna discusión en los casi secretos círculos académicos. Einarsson afirmaba, por ejemplo, que el estilo de la balada es afín, siquiera de un modo lejano, al fragmento heroico de *Finnsburh,* no a la retórica pausada de Beowulf, y que su manejo de conmovedores rasgos circunstanciales prefigura curiosamente los métodos que no sin justicia admiramos en las sagas de Islandia. Enmendó asimismo varias lecciones del texto de Elphinston. Ya en 1969 había sido nombrado profesor en la Universidad de Texas. Según es fama, son habituales en las universidades americanas los congresos de germanistas. Al doctor Winthrop le había tocado en suerte en el turno anterior, en East Lansing. El jefe del departamento que preparaba su Año Sabático, le pidió que pensara en un candidato para la próxima sesión en Wisconsin. Por lo demás, éstos no pasaban de dos: Herbert Locke o Eric Einarsson.

Winthrop, como Carlyle, había renunciado a la fe puritana de sus mayores, pero no al sentimiento de la ética. No había declinado dar el consejo; su deber era claro. Herbert Locke, desde 1954, no le había escatimado su ayuda para cierta edición anotada de la Gesta de Beowulf que, en determinadas casas de estudio, había reemplazado el manejo de la de Klaeber; ahora estaba compilando una obra muy útil para la germanística: un diccionario inglés-anglosajón, que ahorrara a los lectores el examen, muchas veces inútil, de los diccionarios etimológicos. Einarsson era harto más joven; su petulancia le granjeaba la aversión general, sin excluir la de Winthrop. La edición crítica de *Finnsburh* había contribuido no poco a difundir su nombre. Era fácilmente polémico; en el Congreso haría mejor papel que el taciturno y tímido Locke. En esas cavilaciones estaba Winthrop cuando el hecho ocurrió.

En Yale apareció un extenso artículo sobre la enseñanza universitaria de la literatura y de la lengua de los anglosajones. Al pie de la última página se leían las transparentes iniciales E. E. y, como para alejar cualquier duda, el nombre de Texas. El artículo, redactado en un correcto inglés de extranjero, no se permitía la menor incivilidad, pero encerraba cierta violencia. Argüía que iniciar aquel estudio por la Gesta de Beowulf, obra de fecha arcaica pero de estilo pseudo virgiliano y retórico, era no menos arbitrario que iniciar el estudio del inglés por los intrincados versos de Milton. Aconsejaba una inversión del orden cronológico: empezar por la Sepultura del siglo once que deja traslucir el idioma actual, y luego retroceder hasta los orígenes. En lo que a Beowulf se refiere, bastaba con algún fragmento extraído del tedioso conjunto de tres mil líneas; por ejemplo los ritos funerarios de Scyld, que vuelve al mar y vino del mar. No se mencionaba una sola vez el nombre de Winthrop, pero éste se sintió persistentemente agredido. Tal circunstancia le importaba menos que el hecho de que impugnaran su método pedagógico.

Faltaban pocos días. Winthrop quería ser justo y no podía permitir que el escrito de Einarsson, ya releído y comentado por muchos, influyera en su decisión. Esta le dio no poco trabajo. Cierta mañana, Winthrop conversó con su jefe; esa misma tarde Einarsson recibió el encargo oficial de viajar a Wisconsin.

La víspera del diecinueve de marzo, día de la partida, Einarsson se presentó en el despacho de Ezra Winthrop. Venía a despedirse y a agradecerle. Una de las ventanas daba a una calle arbolada y oblicua y los rodeaban anaqueles de libros; Einarsson no tardó en reconocer la primera edición de la *Edda Islandorum,* encuadernada en pergamino. Winthrop contestó que sabía que el otro desempeñaría bien su misión y que no tenía nada que agradecerle. El diálogo si no me engaño fue largo.

—Hablemos con franqueza —dijo Einarsson—. No hay perro en la Universidad que no sepa que si el doctor Lee Rosenthal, nuestro jefe, me honra con la misión de representarnos, obra por consejo de usted. Trataré de no defraudarlo. Soy un buen germanista; la lengua de mi infancia es la de las sagas y pronuncio el anglosajón mejor que mis colegas británicos. Mis estudiantes dicen *cyning,* no *cunning.* Saben también que les está absolutamente prohibido fumar en clase y que no pueden presentarse disfrazados de *hippies.* En cuanto a mi frustrado rival, sería de pésimo gusto que yo lo criticara; sobre la *Kenning* demuestra no sólo el examen de las fuentes originales, sino de los pertinentes trabajos de

Meissner y de Marquardt. Dejemos esas fruslerías. Yo le debo a usted, doctor Winthrop, una explicación personal. Dejé mi patria a fines de 1967. Cuando alguien se resuelve a emigrar a un país lejano, se impone fatalmente la obligación de adelantar en ese país. Mis dos opúsculos iniciales, de índole estrictamente filológica, no respondían a otro fin que probar mi capacidad. Ello, evidentemente, no bastaba. Siempre me había interesado la balada de Maldon que puedo repetir de memoria, con uno que otro bache. Logré que las autoridades de Yale publicaran mi edición crítica. La balada registra, como usted sabe, una victoria escandinava, pero en cuanto al concepto de que influyó en las ulteriores sagas de Islandia, lo juzgo inadmisible y absurdo. Lo incluí para halagar a los lectores de habla inglesa.

Arribo ahora a lo esencial: mi nota polémica del *Yale Monthly*. Como usted no ignora, justifica, o quiere justificar, mi sistema, pero deliberadamente exagera los inconvenientes del suyo, que, a trueque de imponer a los alumnos el tedio de tres mil intrincados versos consecutivos que narran una historia confusa, los dota de un copioso vocabulario que les permitirá gozar, si no han desertado, del corpus de las letras anglosajonas. Ir a Wisconsin era mi verdadero propósito. Usted y yo, mi querido amigo, sabemos que los congresos son tonterías, que ocasionan gastos inútiles, pero que pueden convenir a un *curriculum*.

Winthrop lo miró con sorpresa. Era inteligente, pero propendía a tomar en serio las cosas, incluso los congresos y el universo, que bien puede ser una broma cósmica. Einarsson prosiguió:

—Usted recordará tal vez nuestro primer diálogo. Yo había llegado de New York. Era un día domingo; el comedor de la Universidad estaba cerrado y fuimos a almorzar al Nighthawk. Fue entonces cuando aprendí muchas cosas. Como buen europeo, yo siempre había presupuesto que la Guerra Civil fue una cruzada contra los esclavistas; usted argumentó que el Sur estaba en su derecho al querer separarse de la Unión y mantener sus instituciones. Para dar mayor fuerza a lo que afirmaba, me dijo que usted era del Norte y que uno de sus mayores había militado en las filas de Henry Halleck. Ponderó asimismo el coraje de los confederados. A diferencia de los demás, yo sé casi inmediatamente *quién* es el otro. Esta mañana me bastó. Comprendí, mi querido Winthrop, que a usted lo rige la curiosa pasión americana de la imparcialidad. Quiere, ante todo, ser *fairminded*. Precisamente por ser hombre del Norte, trató de comprender y justificar la causa del Sur. En cuanto supe que mi viaje a Wisconsin dependía de unas palabras suyas a Rosenthal, resolví aprovechar mi pequeño descubrimiento. Comprendí que impugnar la metodología que usted siempre observa en la cátedra era el medio más eficaz de obtener su voto. Redacté en el acto mi tesis. Los hábitos del *Monthly* me obligaron al uso de iniciales, pero hice todo lo posible para que no quedara la menor duda sobre la identidad del autor. La confié incluso a muchos colegas.

Hubo un largo silencio. Winthrop fue el primero en romperlo.

—Ahora comprendo —dijo—. Yo soy viejo amigo de Herbert, cuya labor estimo; usted, directa o indirectamente, me atacó. Negarle mi voto hubiera sido una suerte de represalia. Confronté los méritos de los dos y el resultado fue el que usted sabe.

Agregó, como si pensara en voz alta:

—He cedido tal vez a la vanidad de no ser vengativo. Como usted ve, su estratagema no le falló.

—Estratagema es la palabra justa —replicó Einarsson—, pero no me arrepiento de lo que hice. Actuaré del modo mejor para nuestra casa de estudios. Por lo demás yo había resuelto ir a Wisconsin.

—Mi primer Viking —dijo Winthrop y lo miró en los ojos.

—Otra superstición romántica. No basta ser escandinavo para descender de los Vikings. Mis padres fueron buenos pastores de la iglesia evangélica; a principios del siglo diez, mis mayores fueron acaso buenos sacerdotes de Thor. En mi familia no hubo, que yo sepa, gente de mar.

—En la mía hubo muchos —contestó Winthrop—. Sin embargo, no somos tan distintos. Un pecado nos une: la vanidad. Usted me ha visitado para jactarse de su ingeniosa estratagema; yo lo apoyé para jactarme de ser un hombre recto.

—Otra cosa nos une —respondió Einarsson—. La nacionalidad. Soy ciudadano americano. Mi destino está aquí, no en la Ultima Thule. Usted dirá que un pasaporte no modifica la índole de un hombre.

Se estrecharon la mano y se despidieron.

Avelino Arredondo

El hecho aconteció en Montevideo, en 1897.

Cada sábado los amigos ocupaban la misma mesa lateral en el Café del Globo, a la manera de los pobres decentes que saben que no pueden mostrar su casa o que rehuyen su ámbito. Eran todos montevideanos; al principio les había costado amistarse con Arredondo, hombre de tierra adentro, que no se permitía confidencias ni hacía preguntas. Contaba poco más de veinte años; era flaco y moreno; más bien bajo y tal vez algo torpe. La cara habría sido casi anónima, si no la hubieran rescatado los ojos, a la vez dormidos y enérgicos. Dependiente de una mercería de la calle Buenos Aires, estudiaba derecho a ratos perdidos. Cuando los otros condenaban la guerra que asolaba el país y que, según era opinión general, el presidente prolongaba por razones indignas, Arredondo se quedaba callado. También se quedaba callado cuando se burlaban de él por tacaño.

Poco después de la batalla de Cerros Blancos, Arredondo dijo a los compañeros que no lo verían por un tiempo, ya que tenía que irse a Mercedes. La noticia no inquietó a nadie. Alguien le dijo que tuviera cuidado con el gauchaje de Aparicio Saravia; Arredondo respondió, con una sonrisa, que no les tenía miedo a los blancos. El otro, que se había afiliado al partido, no dijo nada.

Más le costó decirle adiós a Clara, su novia. Lo hizo casi con las mismas palabras. Le previno que no esperara cartas, porque estaría muy atareado. Clara, que no tenía costumbre de escribir, aceptó el agregado sin protestar. Los dos se querían mucho.

Arredondo vivía en las afueras. Lo atendía una parda que llevaba el mismo apellido porque sus mayores habían sido esclavos de la familia en tiempo de la Guerra Grande. Era una mujer de toda confianza; le ordenó que dijera a cualquier persona que lo buscara que él estaba en el campo. Ya había cobrado su último sueldo en la mercería.

Se mudó a una pieza del fondo, la que daba al patio de tierra. La medida era inútil, pero lo ayudaba a iniciar esa reclusión que su voluntad le imponía.

Desde la angosta cama de fierro, en la que fue recuperando su hábito de sestear, miraba con alguna tristeza un anaquel vacío. Había vendido todos sus libros, incluso los de introducción al Derecho. No le quedaba más que una Biblia, que nunca había leído y que no concluyó.

La cursó página por página, a veces con interés y a veces con tedio, y se impuso el deber de aprender de memoria algún capítulo del Exodo y el final del Ecclesiastés. No trataba de entender lo que iba leyendo. Era librepensador, pero no dejaba pasar una sola noche sin repetir el padrenuestro que le había prometido a su madre al venir a Montevideo. Faltar a esa promesa filial podría traerle mala suerte.

Sabía que su meta era la mañana del día veinticinco de agosto. Sabía el número preciso de días que tenía que trasponer. Una vez lograda la meta, el tiempo cesaría o, mejor dicho, nada importaba lo que aconteciera después. Esperaba la fecha como quien espera una dicha y una liberación. Había parado su reloj para no estar siempre mirándolo, pero todas las noches, al oír las doce campanadas oscuras, arrancaba una hoja del almanaque y pensaba *un día menos*.

Al principio quiso construir una rutina. Matear, fumar los cigarrillos negros que armaba, leer y repasar una determinada cuota de páginas, tratar de conversar con Clementina cuando ésta le traía la comida en una bandeja, repetir y adornar cierto discurso antes de apagar la candela. Hablar con Clementina, mujer ya entrada en años, no era fácil, porque su memoria había quedado detenida en el campo y en lo cotidiano del campo.

Disponía asimismo de un tablero de ajedrez en el que jugaba partidas desordenadas que no acertaban con el fin. Le faltaba una torre que solía suplir con una bala o con un vintén.

Para poblar el tiempo, Arredondo se hacía la pieza cada mañana con un trapo y con un escobillón y perseguía a las arañas. A la parda no le gustaba que se rebajara a esos menesteres, que eran de su gobierno y que, por lo demás, él no sabía desempeñar.

Hubiera preferido recordarse con el sol ya bien alto, pero la costumbre de hacerlo cuando clareaba pudo más que su voluntad. Extrañaba muchísimo a sus amigos y sabía sin amargura que éstos no lo extrañaban, dada su invencible reserva. Una tarde preguntó por él uno de ellos y lo despacharon desde el zaguán. La parda no lo conocía; Arredondo nunca supo quién era. Ávido lector de periódicos, le costó renunciar a esos museos de minucias efímeras. No era hombre de pensar ni de cavilar.

Sus días y sus noches eran iguales, pero le pesaban más los domingos.

A mediados de julio conjeturó que había cometido un error al parcelar el tiempo, que de cualquier modo nos lleva. Entonces dejó errar su imaginación por la dilatada tierra oriental, hoy ensangrentada, por los quebrados campos de Santa Irene, donde había remontado cometas, por cierto petiso tubiano, que ya habría muerto, por el polvo que levanta la hacienda, cuando la arrean los troperos, por la diligencia cansada que venía cada

mes desde Fray Bentos con su carga de baratijas, por
la bahía de La Agraciada, donde desembarcaron los
Treinta y Tres, por el Hervidero, por cuchillas, montes
y ríos, por el Cerro que había escalado hasta la farola,
pensando que en las dos bandas del Plata no hay otro
igual. Del cerro de la bahía pasó una vez al cerro del
escudo y se quedó dormido.

Cada noche la virazón traía la frescura, propicia al
sueño. Nunca se desveló.

Quería plenamente a su novia, pero se había dicho
que un hombre no debe pensar en mujeres, sobre todo
cuando le faltan. El campo lo había acostumbrado a la
castidad. En cuanto al otro asunto... trataba de pensar
lo menos posible en el hombre que odiaba.

El ruido de la lluvia en la azotea lo acompañaba.

Para el encarcelado o el ciego, el tiempo fluye aguas
abajo, como por una leve pendiente. Al promediar su re-
clusión Arredondo logró más de una vez ese tiempo
casi sin tiempo. En el primer patio había un aljibe con
un sapo en el fondo; nunca se le ocurrió pensar que el
tiempo del sapo, que linda con la eternidad, era lo que
buscaba.

Cuando la fecha no estaba lejos, empezó otra vez
la impaciencia. Una noche no pudo más y salió a la calle.
Todo le pareció distinto y más grande. Al doblar una
esquina, vio una luz y entró en un almacén. Para justi-
ficar su presencia, pidió una caña amarga. Acodados con-
tra el mostrador de madera conversaban unos soldados.
Dijo uno de ellos:

—Ustedes saben que está formalmente prohibido que
se den noticias de las batallas. Ayer tarde nos ocurrió
una cosa que los va a divertir. Yo y unos compañeros
de cuartel pasamos frente a *La Razón*. Oímos desde
afuera una voz que contravenía la orden. Sin perder
tiempo entramos. La redacción estaba como boca de
lobo, pero lo quemamos a balazos al que seguía hablan-
do. Cuando se calló, lo buscamos para sacarlo por las
patas, pero vimos que era una máquina que le dicen
fonógrafo y que habla sola.

Todos se rieron.

Arredondo se había quedado escuchando. El soldado le dijo:

—¿Qué le parece el chasco, aparcero?

Arredondo guardó silencio. El del uniforme le acercó la cara y le dijo:

—Gritá en seguida: ¡Viva el Presidente de la Nación, Juan Idiarte Borda!

Arredondo no desobedeció. Entre aplausos burlones ganó la puerta. Ya en la calle lo golpeó una última injuria.

—El miedo no es sonso ni junta rabia.

Se había portado como un cobarde, pero sabía que no lo era. Volvió pausadamente a su casa.

El día veinticinco de agosto, Avelino Arredondo se recordó a las nueve pasadas. Pensó primero en Clara y sólo después en la fecha. Se dijo con alivio: *Adiós a la tarea de esperar. Ya estoy en el día.*

Se afeitó sin apuro y en el espejo lo enfrentó la cara de siempre. Eligió una corbata colorada y sus mejores prendas. Almorzó tarde. El cielo gris amenazaba llovizna; siempre se lo había imaginado radiante. Lo rozó un dejo de amargura al dejar para siempre la pieza húmeda. En el zaguán se cruzó con la parda y le dio los últimos pesos que le quedaban. En la chapa de la ferretería vio rombos de colores y reflexionó que durante más de dos meses no había pensado en ellos. Se encaminó a la calle de Sarandí. Era día feriado y circulaba muy poca gente.

No habían dado las tres cuando arribó a la Plaza Matriz. El Te Deum ya había concluido; un grupo de caballeros, de militares y de prelados, bajaba por las lentas gradas del templo. A primera vista, los sombreros de copa, algunos aún en la mano, los uniformes, los entorchados, las armas y las túnicas, podían crear la ilusión de que eran muchos; en realidad, no pasarían de una treintena. Arredondo, que no sentía miedo, sintió una suerte de respeto. Preguntó cuál era el presidente. Le contestaron:

—Ese que va al lado del arzobispo con la mitra y el báculo.

Sacó el revólver e hizo fuego.

Idiarte Borda dio unos pasos, cayó de bruces y dijo claramente: Estoy muerto.

Arredondo se entregó a las autoridades. Después declararía:

—Soy colorado y lo digo con todo orgullo. He dado muerte al Presidente, que traicionaba y mancillaba a nuestro partido. Rompí con los amigos y con la novia, para no complicarlos; no miré diarios para que nadie pueda decir que me han incitado. Este acto de justicia me pertenece. Ahora, que me juzguen.

Así habrán ocurrido los hechos, aunque de un modo más complejo; así puedo soñar que ocurrieron.

Soy leñador. El nombre no importa. La choza en que nací y en la que pronto habré de morir queda al borde del bosque. Del bosque dicen que se alarga hasta el mar que rodea toda la tierra y por el que andan casas de madera iguales a la mía. No sé; nunca lo he visto. Tampoco he visto el otro lado del bosque. Mi hermano mayor, cuando éramos chicos, me hizo jurar que entre los dos talaríamos todo el bosque hasta que no quedara un solo árbol. Mi hermano ha muerto y ahora es otra cosa la que busco y seguiré buscando. Hacia el poniente corre un riacho en el que sé pescar con la mano. En el bosque hay lobos, pero los lobos no me arredran y mi hacha nunca me fue infiel. No he llevado la cuenta de mis años. Sé que son muchos. Mis ojos ya no ven. En la aldea, a la que ya no voy porque me perdería, tengo fama de avaro, pero ¿qué puede haber juntado un leñador del bosque?

Cierro la puerta de mi casa con una piedra para que la nieve no entre. Una tarde oí pasos trabajosos y luego un golpe. Abrí y entró un desconocido. Era un hombre alto y viejo, envuelto en una manta raída. Le cruzaba la cara una cicatriz. Los años parecían haberle dado más autoridad que flaqueza, pero noté que le costaba andar sin el apoyo del bastón. Cambiamos unas palabras que no recuerdo. Al fin dijo:

—No tengo hogar y duermo donde puedo. He recorrido toda Sajonia.

Esas palabras convenían a su vejez. Mi padre siempre hablaba de Sajonia; ahora la gente dice Inglaterra.

Yo tenía pan y pescado. No hablamos durante la comida. Empezó a llover. Con unos cueros le armé una yacija en el suelo de tierra, donde murió mi hermano. Al llegar la noche dormimos.

Clareaba el día cuando salimos de la casa. La lluvia había cesado y la tierra estaba cubierta de nieve nueva. Se le cayó el bastón y me ordenó que lo levantara.

—¿Por qué he de obedecerte? —le dije.

—Porque soy un rey —contestó.

Lo creí loco. Recogí el bastón y se lo di.

Habló con una voz distinta.

—Soy rey de los Secgens. Muchas veces los llevé a la victoria en la dura batalla, pero en la hora del destino perdí mi reino. Mi nombre es Isern y soy de la estirpe de Odín.

—Yo no venero a Odín —le contesté—. Yo venero a Cristo.

Como si no me oyera continuó:

—Ando por los caminos del destierro pero aún soy el rey porque tengo el disco. ¿Quieres verlo?

Abrió la palma de la mano que era huesuda. No había nada en la mano. Estaba vacía. Fue sólo entonces que advertí que siempre la había tenido cerrada.

Dijo, mirándome con fijeza:

—Puedes tocarlo.

Ya con algún recelo puse la punta de los dedos sobre la palma. Sentí una cosa fría y vi un brillo. La mano se cerró bruscamente. No dije nada. El otro continuó con paciencia como si hablara con un niño:

—Es el disco de Odín. Tiene un solo lado. En la tierra no hay otra cosa que tenga un solo lado. Mientras esté en mi mano seré el rey.

—¿Es de oro? —le dije.

—No sé. Es el disco de Odín y tiene un solo lado.

Entonces yo sentí la codicia de poseer el disco. Si fuera mío, lo podría vender por una barra de oro y sería un rey.

Le dije al vagabundo que aún odio:

—En la choza tengo escondido un cofre de monedas. Son de oro y brillan como el hacha. Si me das el disco de Odín, yo te doy el cofre.

Dijo tercamente.

—No quiero.

—Entonces —dije— puedes proseguir tu camino.

Me dio la espalda. Un hachazo en la nuca bastó y sobró para que vacilara y cayera, pero al caer abrió la mano y en el aire vi el brillo. Marqué bien el lugar con el hecha y arrastré el muerto hasta el arroyo que estaba muy crecido. Ahí lo tiré.

Al volver a mi casa busqué el disco. No lo encontré. Hace años que sigo buscando.

...thy rope of sands...

George Herbert (1593-1623)

La línea consta de un número infinito de puntos; el plano, de un número infinito de líneas; el volumen, de un número infinito de planos; el hipervolumen, de un número infinito de volúmenes... No, decididamente no es éste, *more geometrico,* el mejor modo de iniciar mi relato. Afirmar que es verídico es ahora una convención de todo relato fantástico; el mío, sin embargo, *es* verídico.

Yo vivo solo, en un cuarto piso de la calle Belgrano. Hará unos meses, al atardecer, oí un golpe en la puerta. Abrí y entró un desconocido. Era un hombre alto, de rasgos desdibujados. Acaso mi miopía los vio así. Todo su aspecto era de pobreza decente. Estaba de gris y traía una valija gris en la mano. En seguida sentí que era extranjero. Al principio lo creí viejo; luego advertí que me había engañado su escaso pelo rubio, casi blanco, a la manera escandinava. En el curso de nuestra conversación, que no duraría una hora, supe que procedía de las Orcadas.

Le señalé una silla. El hombre tardó un rato en hablar. Exhalaba melancolía, como yo ahora.

—Vendo biblias —me dijo.

No sin pedantería le contesté:

—En esta casa hay algunas biblias inglesas, incluso la primera, la de John Wiclif. Tengo asimismo la de Cipriano de Valera, la de Lutero, que literariamente es la peor, y un ejemplar latino de la Vulgata. Como usted ve, no son precisamente biblias lo que me falta.

Al cabo de un silencio me contestó.

—No sólo vendo biblias. Puedo mostrale un libro sagrado que tal vez le interese. Lo adquirí en los confines de Bikanir.

Abrió la valija y lo dejó sobre la mesa. Era un volumen en octavo, encuadernado en tela. Sin duda había pasado por muchas manos. Lo examiné; su inusitado peso me sorprendió. En el lomo decía *Holy Writ* y abajo *Bombay*.

—Será del siglo diecinueve —observé.

—No sé. No lo he sabido nunca —fue la respuesta.

Lo abrí al azar. Los caracteres me eran extraños. Las páginas, que me parecieron gastadas y de pobre tipografía, estaban impresas a dos columnas a la manera de una biblia. El texto era apretado y estaba ordenado en versículos. En el ángulo superior de las páginas había cifras arábigas. Me llamó la atención que la página par llevara el número (digamos) 40.514 y la impar, la siguiente, 999. La volví; el dorso estaba numerado con ocho cifras. Llevaba una pequeña ilustración, como es de uso en los diccionarios: un ancla dibujada a la pluma, como por la torpe mano de un niño.

Fue entonces que el desconocido me dijo:

—Mírela bien. Ya no la verá nunca más.

Había una amenaza en la afirmación, pero no en la voz.

Me fijé en el lugar y cerré el volumen. Inmediatamente lo abrí. En vano busqué la figura del ancla, hoja tras hoja. Para ocultar mi desconcierto, le dije:

—Se trata de una versión de la Escritura en alguna lengua indostánica, ¿no es verdad?

—No —me replicó.

.Luego bajó la voz como para confiarme un secreto:

—Lo adquirí en un pueblo de la llanura, a cambio de unas rupias y de la Biblia. Su poseedor no sabía leer. Sospecho que en el Libro de los Libros vio un amuleto. Era de la casta más baja; la gente no podía pisar su sombra, sin contaminación. Me dijo que su libro se llamaba el Libro de Arena, porque ni el libro ni la arena tienen ni principio ni fin.

Me pidió que buscara la primera hoja.

Apoyé la mano izquierda sobre la portada y abrí con el dedo pulgar casi pegado al índice. Todo fue inútil: siempre se interponían varias hojas entre la portada y la mano. Era como si brotaran del libro.

—Ahora busque el final.

También fracasé; apenas logré balbucear con una voz que no era la mía:

—Esto no puede ser.

Siempre en voz baja el vendedor de biblias me dijo:

—No puede ser, pero *es*. El número de páginas de este libro es exactamente infinito. Ninguna es la primera; ninguna, la última. No sé por qué están numeradas de ese modo arbitrario. Acaso para dar a entender que los términos de una serie infinita admiten cualquier número.

Después, como si pensara en voz alta:

—Si el espacio es infinto estamos en cualquier punto del espacio. Si el tiempo es infinito estamos en cualquier punto del tiempo.

Sus consideraciones me irritaron. Le pregunté:

—¿Usted es religioso, sin duda?

—Sí, soy presbiteriano. Mi conciencia está clara. Estoy seguro de no haber estafado al nativo cuando le di la Palabra del Señor a trueque de su libro diabólico.

Le aseguré que nada tenía que reprocharse, y le pregunté si estaba de paso por estas tierras. Me respondió que dentro de unos días pensaba regresar a su patria. Fue entonces cuando supe que era escocés, de las islas Orcadas. Le dije que a Escocia yo la quería personalmente por el amor de Stevenson y de Hume.

—Y de Robbie Burns —corrigió.

Mientras hablábamos yo seguía explorando el libro infinito. Con falsa indiferencia le pregunté:

—¿Usted se propone ofrecer este curioso especimen al Museo Británico?

—No. Se lo ofrezco a usted —me replicó, y fijó una suma elevada.

Le respondí, con toda verdad, que esa suma era inaccesible para mí y me quedé pensando. Al cabo de unos pocos minutos había urdido mi plan.

—Le propongo un canje —le dije—. Usted obtuvo este volumen por unas rupias y por la Escritura Sagrada; yo le ofrezco el monto de mi jubilación, que acabo de cobrar, y la Biblia de Wiclif en letra gótica. La heredé de mis padres.

—A black letter Wiclif! —murmuró.

Fui a mi dormitorio y le traje el dinero y el libro. Volvió las hojas y estudió la carátula con fervor de bibliófilo.

—Trato hecho —me dijo.

Me asombró que no regateara. Sólo después comprendería que había entrado en mi casa con la decisión de vender el libro. No contó los billetes, y los guardó.

Hablamos de la India, de las Orcadas y de los *jarls* noruegos que las rigieron. Era de noche cuando el hombre se fue. No he vuelto a verlo ni sé su nombre.

Pensé guardar el Libro de Arena en el hueco que había dejado el Wiclif, pero opté al fin por esconderlo detrás de unos volúmenes descabalados de Las Mil y Una Noches.

Me acosté y no dormí. A las tres o cuatro de la mañana prendí la luz. Busqué el libro imposible, y volví las hojas. En una de ellas vi grabada una máscara. El ángulo llevaba una cifra, ya no sé cuál, elevada a la novena potencia.

No mostré a nadie mi tesoro. A la dicha de poseerlo se agregó el temor de que lo robaran, y después el recelo de que no fuera verdaderamente infinito. Esas dos inquietudes agravaron mi ya vieja misantropía. Me quedaban unos amigos; dejé de verlos. Prisionero del Libro, casi no me asomaba a la calle. Examiné con una lupa el gastado lomo y las tapas, y rechacé la posibilidad de algún artificio. Comprobé que las pequeñas ilustraciones distaban dos mil páginas una de otra. Las fui anotando en una libreta alfabética, que no tardé en llenar. Nunca se repitieron. De noche, en los escasos intervalos que me concedía el insomnio, soñaba con el libro.

Declinaba el verano, y comprendí que el libro era monstruoso. De nada me sirvió considerar que no menos monstruoso era yo, que lo percibía con ojos y lo palpaba con diez dedos con uñas. Sentí que era un objeto de pesadilla, una cosa obscena que infamaba y corrompía la realidad.

Pensé en el fuego, pero temí que la combustión de un libro infinito fuera parejamente infinita y sofocara de humo al planeta.

Recordé haber leído que el mejor lugar para ocultar una hoja es un bosque. Antes de jubilarme trabajaba en la Biblioteca Nacional, que guarda novecientos mil libros; sé que a mano derecha del vestíbulo una escalera curva se hunde en el sótano, donde están los periódicos y los mapas. Aproveché un descuido de los empleados para perder el Libro de Arena en uno de los húmedos anaqueles. Traté de no fijarme a qué altura ni a qué distancia de la puerta.

Siento un poco de alivio, pero no quiero ni pasar por la calle México.

Prologar cuentos no leídos aún es tarea casi imposible, ya que exige el análisis de tramas que no conviene anticipar. Prefiero por consiguiente un epílogo.

El relato inicial retoma el viejo tema del doble, que movió tantas veces la siempre afortunada pluma de Stevenson. En Inglaterra su nombre es fetch o, de manera más libresca, wraith of the living; en Alemania, Doppelgaenger. Sospecho que uno de sus primeros apodos fue el de alter ego. Esta aparición espectral habrá procedido de los espejos del metal o del agua, o simplemente de la memoria, que hace de cada cual un espectador y un actor. Mi deber era conseguir que los interlocutores fueran lo bastante distintos para ser dos y lo bastante parecidos para ser uno. ¿Valdrá la pena declarar que concebí la historia a orillas del río Charles, en New England, cuyo frío curso me recordó el lejano curso del Ródano?

El tema del amor es harto común en mis versos; no así en mi prosa, que no guarda otro ejemplo que Ulrica. Los lectores advertirán su afinidad con El Otro.

El Congreso *es quizá la más abiciosa de las fábulas de este libro; su tema es una empresa tan vasta que se confunde al fin con el` cosmos y con la suma de los días. El opaco principio quiere imitar el de las ficciones de Kafka; el fin quiere elevarse, sin duda en vano, a los éxtasis de Chesterton o de John Bunyan. No he merecido nunca semejante revelación, pero he procurado soñarla. En su decurso he entretejido, según es mi hábito, rasgos autobiográficos.*

El destino que, según es fama, es inescrutable, no me dejó en paz hasta que perpetré un cuento póstumo de Lovecraft, escritor que siempre he juzgado un parodista involuntario de Poe. Acabé por ceder; el lamentable fruto se titula There Are More Things.

La Secta de los Treinta *rescata, sin el menor apoyo documental, la historia de una herejía posible.*

La noche de los dones *es tal vez el relato más inocente, más violento y más exaltado que ofrece este volumen.*

La biblioteca de Babel *(1914) imagina un número infinito de libros;* Undr *y* El espejo y la máscara, *literaturas seculares que constan de una sola palabra.*

Utopía de un hombre que está cansado, *es, a mi juicio, la pieza más honesta y melancólica de la serie.*

Siempre me ha sorprendido la obsesión ética de los americanos del Norte; El soborno *quiere reflejar ese rasgo.*

Pese a John Felton, a Charlotte Corday, a la conocida opinión de Rivera Indarte («Es acción santa matar a Rosas») y₁ al Himno Nacional Uruguayo («Si tiranos, de Bruto el puñal») no apruebo el asesinato político. Sea lo que fuere, los lectores del solitario crimen de Arredondo querrán saber el fin. Luis Melián Lafinur pidió su absolución, pero los jueces Carlos Fein y Cristóbal Salvañac lo condenaron a un mes de reclusión celular y a cinco años de cárcel. Una de las calles de Montevideo lleva ahora su nombre.

Dos objetos adversos e inconcebibles son la materia de los últimos cuentos. El disco *es el círculo euclidiano, que admite solamente una cara;* El libro de arena, *un volumen de incalculables hojas.*

Espero que las notas apresuradas que acabo de dictar no agoten este libro y que sus sueños sigan ramificándose en la hospitalaria imaginación de quienes ahora lo cierran.

J. L. B.

Buenos Aires, 3 de febrero de 1975.

Indice

El libro de Bolsillo   Alianza Editorial   Madrid

Ultimos títulos publicados